Horoskop und Charakter

Jasmin Rachlitz

Horoskop und Charakter

FALKEN
TaschenBuch Basis

Von derselben Autorin ist im FALKEN TaschenBuch bereits erschienen:
Der astrologische Kreis (60336)
Zusammen mit Irmgard Wenzel: Horoskop und Bachblüten (60339)

Der Text dieses Buches entspricht den Regeln der neuen deutschen Rechtschreibung.

Dieses Buch wurde auf chlorfrei gebleichtem und säurefreiem Papier gedruckt.

Originalausgabe
ISBN 3 635 60410 0

Umschlaggestaltung: Rincón[2] Design & Produktion, Köln
Gestaltung: Beate Müller-Behrens
Redaktion: Daniela Weise, München / Susanne Janschitz
Herstellung: Michael Feuerer, München / Beate Müller-Behrens
Titelbild: Image Bank, Düsseldorf / Francesco Reginato
Quellenverzeichnis: Seite 76–80 Auszug aus „Die 12 Sternzeichen"
(FALKEN TaschenBuch 60032) von Georg Haddenbach
Produktion: Alinea GmbH, München
Druck: Freiburger Graphische Betriebe GmbH, Freiburg

817 2635 4453 6271

Inhalt

Einleitung

Erinnern Sie sich noch, als man Sie das letzte Mal nach Ihrem Sternzeichen fragte? Vielleicht war es mittags in der Kantine oder auf einer Party? Inzwischen gehört es einfach dazu, sich danach zu erkundigen. Und man bildet sich schnell eine Meinung, wenn man hört: „Ich bin Krebs“ oder „Ich bin Skorpion“ – oft ohne genau zu wissen, was dahinter steckt.

Was ist eigentlich dran an den Sternzeichen? Zunächst einmal ist mit dem Sternzeichen das Tierkreiszeichen gemeint, in dem die Sonne zum Zeitpunkt der Geburt eines bestimmten Menschen stand. Es sagt etwas aus über seinen Wesenskern und seine persönliche Eigenart. Natürlich ermöglicht erst ein individuell berechnetes und von einem erfahrenen Astrologen gedeutetes Geburtshoroskop detaillierte Aussagen – in meiner langjährigen Praxis habe ich schon viele erstaunte Gesichter gesehen. Doch bereits die Kenntnis des Sternzeichens eines Menschen lässt einige bemerkenswerte Rückschlüsse auf dessen Charakter zu.

Wenn man besser über sich Bescheid weiß, kann man bewusster, lebendiger und toleranter werden. Und man kann außerdem auch mehr Verständnis für die Eigenarten seiner Mitmenschen aufbringen.

Sollten Sie sich in der Beschreibung Ihres persönlichen Tierkreiszeichens nicht ganz wiederfinden, dann lesen Sie auf jeden Fall noch die Darstellung des Zeichens, in dem Ihr Aszendent liegt (mit Hilfe der Tabellen ab Seite 76 können Sie ihn ganz einfach ermitteln). Spätestens dann werden Sie merken, welche Aussagen mit der Astrologie tatsächlich möglich sind.

Dieses Buch kann Ihnen dabei helfen, dem tieferen Sinn Ihres Lebens ein Stück näher zu kommen. Zu jedem Tierkreiszeichen finden Sie die wichtigsten Charaktermerkmale, Eigenschaften seiner männlichen und weiblichen Vertreter, Informationen zu den Themenkreisen Beruf und Karriere, Liebe und Partnerschaft, Freizeit und Gesundheit sowie die zwölf Aszendenten-Kombinationen.

WIDDER

21. MÄRZ BIS 20. APRIL

Charaktermerkmale

Der Widder ist das erste Zeichen des Tierkreises: Er wird vom Planeten Mars regiert, sein Element ist das Feuer. Die Menschen, deren Sonne im Tierkreiszeichen Widder steht, werden zu Frühlingsbeginn geboren. Dieser Zeitpunkt entspricht dem natürlichen Anfang des Jahres. So wie die Natur von neuem aufbricht und sich die jungen Triebe ihren Weg bahnen, so drängt auch der Widder nach vorne. Die Einfachheit und Unbekümmertheit dieser Menschen kennt keine hintergründigen Fragen. Vorwärts!, lautet die Devise, immer einen neuen Anfang im Auge. In jedem Widder steckt dieser Glaube an die eigene Kraft und ein manchmal fast kindliches Naturell.

Energiegeladen und voller Mut ist dieser Typ, voller feuriger Impulse. So hat er Erfolg, weil er rascher handelt als andere. Allerdings ist er oft auch unüberlegt. Komplizierte Zusammenhänge liegen ihm nicht, er möchte etwas schnell erfassen und aktiv werden. Vom kämpferischen Mars regiert, scheut er keine Auseinandersetzungen, ja manchmal sucht er sie geradezu, um seine Kräfte mit den anderen messen zu können.

Der Widder ist nicht diplomatisch, sondern schätzt das offene und ehrliche Wort. Er hält mit seiner Meinung selten lange hinterm Berg. Manche Menschen schätzen ihn deswegen besonders, weil man bei ihm immer weiß, woran man ist. Andere gehen lieber in Deckung, wenn er Kommentare abgibt, die zwar ins Schwarze treffen, aber auch verletzend sein können.

Widder-Menschen lieben das Gefühl, am Puls des Lebens zu sein und das Geschehen direkt zu beeinflussen. Ohne große Umschweife und Umwege gehen sie auf ihr Ziel zu. Sie lieben die Gefahr, das Risiko, den schnellen, eher physisch als geistig bedingten Entschluss. Der Sprung nach vorn ist eine Mischung aus Angriff und frischem Impuls. Sicher gibt es auch lammfromme Vertreter dieses Tierkreiszeichens, doch sie sind eher die Ausnahme oder auch die verlorenen Schafe.

Feuer, das Element des Widders, bringt viel menschliche Wärme mit sich. Auch wenn man es manchmal kaum glauben mag: Es gibt sehr fürsorgliche Widder mit viel Herz. Der rauhbeinige Charme gehört bei ihnen eben einfach dazu.

Der Widder-Mann

Herr Widder ist der perfekte Vertreter des starken Geschlechts. Er stellt das männliche Prinzip in Reinkultur dar. So mancher Macho ist in diesem Zeichen geboren. Die Emanzipation der Frau amüsiert ihn eher, er braucht seine Männerwelt und seine Kumpels, mit denen er Abenteuer erleben kann, sei's bei einem Segeltörn, auf der Jagd oder bei einer ausgedehnten Kneipentour. Er ist ein echter Kerl, der sich gerne rustikal und naturverbunden gibt. Er hält es mit klassischen männlichen Interessen und so ist es auch kein Wunder, dass sich viele Widder-Männer für Fußball und schnelle Autos interessieren. Das Risiko und der Nervenkitzel gehören einfach dazu. Daher ist es nicht erstaunlich, dass diese Herren so gerne Extremsportarten betreiben wie zum Beispiel Drachenfliegen, Wildwasser-Rafting und Motorsport.

Der Widder-Mann ist ein guter Kamerad, doch neigt er dazu, seine Freundschaften durch Streitereien oder durch zu große Offenheit aufs Spiel zu setzen. Impulsives Aufbrausen oder hastige Unbedenklichkeit machen ihm immer wieder zu schaffen. Aber nichts an ihm ist falsch oder gekünstelt.

Die Widder-Frau

Diese temperamentvolle, heißblütige Frau ist nichts für schwache Nerven. Mit viel Schwung und Lebensfreude meistert sie ihren Alltag und die Aufgaben, die das Leben an sie stellt. Sie steht ihren Mann und ist meist mutiger und entschlossener als mancher Vertreter des so genannten starken Geschlechts. Ihre Risikofreude kann zarter besaitete Gemüter fast beängstigen. Vielleicht hört sich das ein wenig unweiblich an? Irrtum, denn niemand kann in einem Abendkleid so verführerisch aussehen wie sie: wie eine lodernde Fackel – bereit, alle Männerherzen zu verbrennen.

Selten werden sich Widder-Frauen in einer hilflosen und schutzbedürftigen Rolle wohl fühlen. Schließlich wollen sie selbst sagen, wo es langgeht. Leider hat das oft zur Folge, dass sie gerade bei der Sorte Männer Erfolg haben, die sie eigentlich nicht ausstehen können: den „Softies". Frau Widder hat für diese Männer nur ein Achselzucken übrig. Sie will sich mit einem starken Mann und mit fähigen Kollegen messen können und an interessanten Aufgaben wachsen. Sie braucht eben Herausforderungen wie andere die Luft zum Leben.

Beruf und Karriere

Langes Stillsitzen und ruhiges Arbeiten in Abgeschlossenheit sind nichts für diese dynamischen Menschen, die sich so gerne an vorderster Front aufhalten und für die nicht selten die Devise gilt: Hoppla, jetzt komme ich! Widder brauchen den Duft der großen, weiten Welt! Und ein Hauch Abenteuer ist ihnen nur willkommen. Ihre Qualitäten als Unternehmer können sich sehen lassen! Tatsächlich gibt es eine Menge Freiberufler unter den Widdern, denn mit dominanten Chefs haben sie so ihre Probleme – schließlich wissen sie alles besser als diese, nicht wahr? Ob sie nun als Chefreporter an vorderster Front tätig sind, Bomben entschärfen oder ihr eigenes Büro leiten (egal welcher Art), ist letztlich Nebensache. Sie brauchen Aktivität und Herausforderungen. Der Widder bleibt ein Widder, selbst wenn er einen Beruf ergreift, der seinen marsischen Eigenschaften noch so entgegengesetzt erscheint. Wird er Soldat, Baumeister oder Ingenieur, dann ist er in seinem ureigensten Element. Wird er Schauspieler, dann liegen ihm die kraftvollen, energischen Rollen. Wird er Politiker, dann kann er sich mit Vehemenz und Durchsetzungsvermögen für seine Ziele einsetzen.

Arbeitet ein Widder mit Begeisterung an einer Sache, ist er schnell und effektiv, denn er erledigt seine Angelegenheiten lieber heute als morgen. In seiner Abteilung muss möglicherweise im Akkord gearbeitet werden. Erkennt er jedoch, dass er keine Aufstiegschancen mehr hat, dann kann er blitzschnell und ohne großes Zaudern seinen Wirkungskreis verlegen.

Als Chef kann er sehr ungeduldig sein. Bei Mitarbeitern, die eine ruhige Kugel schieben wollen, ist er sogar gefürchtet. Als Kollege liebt er den Wettstreit und schätzt diejenigen, die schöpferische Ideen haben, solange sie ihm nicht das Gefühl geben, dass sie ihn ausstechen möchten. Dann können Widder-Geborene ihren Kampfgeist so richtig beweisen.

Liebe und Partnerschaft

Bedenkt man, dass Giacomo Girolamo Casanova, einer der berühmtesten Verführer der Weltgeschichte, ein Widder war, so ahnt man schon, wie das Liebesleben Widder-Geborener aussehen kann. Auch die modernen Widder sind große Eroberer, aber lang ist ihr Atem nicht. Sie wollen einfach nicht warten und wenn kein geduldfördernder Aspekt im persönlichen Geburtshoroskop vorhanden ist, können sie ganz schön schnell für neue Liebschaften entflammbar sein. Natürlich möchten sie dann sofort zuschlagen. Doch mit der Zeit lernt auch mancher Widder zu warten.

Recht machen kann man es diesem notorischen Schürzenjäger und dieser ewigen Femme fatale nicht, auch wenn man ihnen schmachtend zu Füßen liegt, doch schmeicheln tut es ihnen doch. Sie bevorzugen Helden und Traumfrauen. Widder-Geborene brauchen sehr selbständige Partner – hilfsbedürftige Kletten sind nichts für sie. Auch muss der Partner über ein ausgeprägtes Selbstbewusstsein verfügen, denn die Kritik des Widders kann schon mal heftig sein.

Widder stürzen sich in jede Affäre mit der vollsten Überzeugung, dass dies nun die einzig wahre Liebe ist. Nicht selten gibt es am Ende Tränen, doch sie lassen sich von neuen Eroberungszügen nicht abschrecken.

So mancher Widder begeht den Fehler, zu früh zu heiraten – ungestüm, wie er ist. Es wird lange dauern, bis er für die Ehe wirklich reif ist, denn Widder neigen dazu, Abenteurer zu bleiben, obwohl sie, wenn sie verliebt sind, sehr treu sein können.

Ja, mit einem Widder muss man es aufnehmen können. Am ehesten für die gemeinsame Ekstase geeignet sind die beiden anderen Feuerzeichen LÖWE und SCHÜTZE, denn die lassen sich nicht so leicht erschrecken. Auch ein STIER oder ein STEINBOCK mit Nerven aus Drahtseil kann eine gute Wahl sein, denn ab und zu brauchen Widder jemanden, der ihnen ihre Grenzen zeigt. Gut geeignet für freundschaftliche Beziehungen sind der wendige ZWILLING und der originelle WASSERMANN.

Freizeit und Gesundheit

In ihrer Freizeit sind Widder-Menschen gern sportlich aktiv. Sie lieben körperliche Bewegung und sind auch gern draußen an der frischen Luft. Sie laufen gern, zum Beispiel auf dem Fußballfeld, und haben eine Schwäche für Kraftsport und für Sportarten, die ein gewisses Risiko bieten. Dies gilt im Übrigen für männliche und weibliche Widder-Geborene gleichermaßen. Außerdem reisen sie gerne, besonders wenn der Urlaub abenteuerlich zu werden verspricht.

Obwohl sie sich ihren Weg durchs Leben mutig und tapfer erkämpfen und großen Gefahren ohne Furcht begegnen, können viele von ihnen den Gedanken an Schmerzen nicht ertragen.

Widder-Geborene können sich durch ihre Impulsivität schon mal eine Verletzung zuziehen, vorzugsweise am Kopf oder im Gesicht. Den Alkohol sollten sie meiden, denn er kann in Kombination mit ihrem feurigen Temperament zu einer explosiven Mischung werden. Dann haben sie auch länger Freude an einem ihrer liebsten Hobbys: Autos (vor allem schnellen). Es ist wohl fast überflüssig zu erwähnen, dass dies ebenso für Widder-Ladys gilt. Wäre doch gelacht, oder?

Die Aszendenten-Kombinationen

Sonne Widder – Aszendent Widder: Ein echtes Energiebündel. Dieser Mensch stürmt voran, braucht die Herausforderung und den Kampf täglich aufs Neue. Er will gewinnen. Leider kennt er mit seinen Mitmenschen kaum ein Pardon.

Sonne Widder – Aszendent Stier: Ein dynamischer Mensch, der Kraft und Beständigkeit in sich vereint. Mit dieser Kombination ist man gediegen und naturverbunden. Materieller Erfolg ist sehr wichtig, innere Werte kommen dabei manchmal zu kurz.

Sonne Widder – Aszendent Zwillinge: Beweglichkeit und Lebensfreude kennzeichnen diesen Typ. Er ist dort, wo etwas los ist. Rasant und heiter schwingt er sich von Abenteuer zu Abenteuer. Rastlosigkeit kann die Folge sein.

Sonne Widder – Aszendent Krebs: Die Mischung von Gefühl und Dynamik ergibt einen kreativen und künstlerischen Charakter. Die gegensätzliche Veranlagung schafft ein hohes Energiepotential. Häufig wechselnde Stimmungen prägen diese Menschen.

Sonne Widder – Aszendent Löwe: Ein sonniges und selbstbewusstes Naturell. Temperamentvoll und voller Eigeninitiative packen diese Menschen zu. Sie haben gute Qualitäten als Unternehmer. Die Risikoliebe und die Neigung zu Übertreibungen sind ausgeprägt.

Sonne Widder – Aszendent Jungfrau: Ein starker Realitätssinn, gepaart mit einem unbändigen Leistungswillen – das ergibt einen Typ mit gutem Organisationstalent. Die Kritik dieser Menschen ist jedoch meist gnadenlos.

Sonne Widder – Aszendent Waage: Ein Mensch, der für seine Sache kämpft und doch niemals aus der Rolle fällt. Freundlich, aber resolut geht er seinen Weg. Er liebt Sport und Kultur gleichermaßen. In Liebesdingen ist er zuweilen etwas unentschlossen.

Sonne Widder – Aszendent Skorpion: Eine absolute Kämpfernatur. Mutig und unbeugsam bietet dieser Mensch anderen die Stirn. Er neigt zum Heldentum. Das Gefühlsleben ist hochexplosiv, weshalb so manche impulsive Entscheidung getroffen wird.

Sonne Widder – Aszendent Schütze: Sportlich, dynamisch und sehr großzügig. Der Hang zum Abenteuer ist beachtlich, die Liebe zum Risiko bringt aber auch Erfolge ein. Die jungen Jahre verlaufen meist sehr unstet.

Sonne Widder – Aszendent Steinbock: Der Leistungswille ist groß, ebenso die Ausdauer. Kaum jemand ist so ehrgeizig. Eine feste Meinung und eine klare Linie sind naturgegeben. Das Privatleben kommt allerdings manchmal zu kurz.

Sonne Widder – Aszendent Wassermann: Spontan und originell ist dieser Zeitgenosse. Er führt ein wechselvolles Leben. Impulsive Gefühle machen ihm zu schaffen. Der Hang zur Unabhängigkeit bestimmt Karriere und Privatleben.

Sonne Widder – Aszendent Fische: Energisch, sozial engagiert und mit viel Gerechtigkeitssinn ausgestattet, könnte dies der ideale Missionar sein. Leider hemmen ihn häufig übermäßige Skrupel. Er hat viel Phantasie und ist träumerisch.

Stier

21. April bis 20. Mai

Charaktermerkmale

Der Stier ist das zweite Zeichen des Tierkreises. Sein Planet ist die Venus und sein Element die Erde. Der sinnliche Stier ist allen schönen Dingen des Lebens besonders zugetan. Und als Genießer hat er Geschmack. Nicht nur seine Zunge ist fein – auch sein Farben- und Formensinn.

Er scheut sich nicht, sich seine Ziele zu erarbeiten. Kraftvoll und mit festem Willen geht er an die Dinge heran, von denen er überzeugt ist. Mit seiner berühmten goldenen Nase riecht er Geld, wo immer es zu finden ist, und macht es sich zu Eigen. Geduld ist seine Stärke, doch seine Devise „Ruhe bewahren" kann schon mal in Sturheit ausarten. Er lässt sich eben gerne Zeit und möchte seinen eigenen natürlichen Rhythmus finden. Nervöse und ungeduldige Menschen ergreifen da lieber die Flucht, wenn sie es mit ihm zu tun bekommen. Kaum zu glauben, dass diese eigenwilligen Charaktere von Venus regiert werden.

Qualität ist das Stichwort! Solide, verlässliche Werte faszinieren den Stier, denn das ist es, was auch er zu bieten hat.

Wenn er kreativen Beschäftigungen nachgeht – was eine seiner Stärken ist –, hält er sich am liebsten an das, was er sieht und was er anfassen kann. Träume sind Schäume – das ist seine feste Überzeugung. Ja, Stier-Geborene können manchmal schon recht realistisch und prosaisch sein. Doch sie sind deswegen auch für viele Menschen der Fels in der Brandung, an dem man sich orientieren kann. Sie streben in ihrem Leben nach Sicherheit und Besitz und pflegen diesen auch gerne. Was sie mal ihr Eigen nennen, geben sie jedenfalls so schnell nicht mehr her.

Viele Stiere sind sehr naturverbunden und brauchen in regelmäßigen Abständen einen Abstecher in ländliche Gefilde, um sich zu entspannen.

Wenn sie nicht ohnehin schon auf dem Land leben, träumen sie zumindest von einem Häuschen im Grünen oder einem kleinen Garten, den sie nach ihren Vorstellungen gestalten können. In der Regel haben sie ein Händchen für Pflanzen, die sie liebevoll pflegen.

Der Stier-Mann

Der Stier-Mann wirkt sehr charmant, wie er so milde lächelnd und mit bedächtigen Bewegungen einherschreitet. Nichts bringt ihn aus der Ruhe, selbst die Tatsache nicht, dass er mit seinem Wagen im Stau steht und in fünf Minuten einen wichtigen Termin hat. Vielleicht hört er in seinem Autoradio gerade ein besonders schönes Musikstück oder er denkt schon an seine Verabredung mit lieben Freunden zum Abendessen. Er hat eine Schwäche für gutes Essen und für einen edlen Tropfen. Er genießt diese Dinge gerne in seinem behaglichen Zuhause, das er besonders liebt und mit schönen Dingen ausgestattet hat. Nicht zuletzt mit einer schönen Frau, die es versteht, ihm das Leben angenehm zu machen.

Doch Herr Stier ist nicht nur bequem. Er ist ausgesprochen praktisch und macht vieles im Haushalt selbst, wie zum Beispiel kleine Reparaturarbeiten. Vielleicht ist er auch ein leidenschaftlicher Koch und für bestimmte Spezialitäten in seinem Freundeskreis berühmt.

Als Gastgeber ist er großzügig, wobei er niemals das Geld zum Fenster hinauswirft. Dazu ist ihm seine Sicherheit zu wichtig. Er ist eben bodenständig und behält seine Zukunft stets im Auge.

Die Stier-Frau

Von Venus beherrscht, gehören Stier-Frauen sicher zu den reizvollsten und hübschesten Frauen. Zudem sind sie ausgesprochen weiblich und weisen meist gute hausfrauliche Qualitäten auf. Viele Stier-Frauen sind in praktischen Dingen geschickt und bekannt für ihre Kochkünste, egal ob sie Marmelade einmachen oder den guten alten Sonntagsbraten zubereiten. Nicht dass es keine Karrierefrauen unter ihnen gäbe – im Gegenteil, aber sie pflegen auch traditionelle Werte.

Eine volle Speisekammer gehört bei ihnen einfach zum Wohlbefinden dazu, ebenso ein gepflegtes Zuhause. Die Stier-Frau bevorzugt eine gediegene Atmosphäre, Hightech und Stahlrohrmöbel sind nicht ihr Geschmack.

Vielleicht hat sie eine Schwäche für Antiquitäten und verbringt so manchen freien Tag auf dem Trödelmarkt, um ein Schnäppchen zu finden.

Als Partnerin ist sie zuverlässig. Zwar mag sie den Flirt, doch sie kennt ihre Grenzen. Ein freundliches Lächeln ist schließlich noch lange kein Versprechen.

Beruf und Karriere

Abgesehen davon, dass Bankiers und Immobilienhändler besonders häufig Stier-Geborene sind, gibt es auch Maler, Tänzer, Galeristen, Modemacher und Musiker unter ihnen. Doch der Hang zum Greifbaren ist unverkennbar und zieht sich wie ein roter Faden durch die Karriere. Geld und Besitz faszinieren den Stier und wenn er nicht selbst im Finanzwesen tätig ist, wird er es verstehen, seine Schäfchen mit einer anderen lukrativen Tätigkeit ins Trockene zu bringen. Tatsächlich gibt es eine Menge Stiere, die beim Anhäufen von Besitz ein ungeheures Talent beweisen. Doch sie müssen aufpassen, dass sie sich dem Materiellen nicht zu sehr verschreiben.

Viele Baumeister und Architekten sind Stiere und auch die Innenausstattung eines Hauses ist eine befriedigende Beschäftigung für sie. Da sie das Überschaubare so lieben, findet man unter ihnen auch viele Beamte.

Sicherheit spielt für Stiere eine tragende Rolle. Niemand kann, wenn es darauf ankommt, so vernünftig sein wie sie. Flexibilität ist nicht die Stärke des Stiers. Er setzt auf Bewährtes, sollte aber immer darauf achten, nicht völlig unbeweglich zu werden. Erfolgreich ist er dann, wenn er es versteht, mit der Zeit zu gehen und trotzdem solide zu bleiben. Kollegen, die alles verändern und reformieren wollen, sind für ihn meist ein rotes Tuch.

Liebe und Partnerschaft

Stier-Geborene sind zwar romantisch, doch sie gehen schon gern zur Sache. Venus fordert schließlich ihr Recht und man genießt doch so gerne! Die körperliche Liebe gehört beim Stier dazu wie das tägliche Brot. Er ist fasziniert von kraftvoller Sinnlichkeit und nimmt sich Zeit für die schönste Nebensache der Welt. Manchmal auch zu viel Zeit. Stiere heiraten selten überstürzt. Ja, man muss schon Geduld aufbringen, wenn man dem Stier einen Ehering verpassen möchte. Der Gewohnheitsfaktor spielt bei ihm eine große Rolle, und da kommt man mit Überrumpelungsmanövern nicht weit.

Wenn sich ein Stier endlich gebunden hat, dann hält es bei ihm besser als bei vielen anderen, denn wir wissen ja schon, dass er nichts gern hergibt, was ihm einmal gehört. Da muss schon der Härtefall eintreten, wenn der treue und solide Stier eine feste Beziehung beendet.

Der materielle Hintergrund des Partners ist für ihn übrigens nicht von unwesentlicher Bedeutung und erleichtert ihm so manche Entscheidung in Liebesdingen.

Zeichen mit großer Ausdauer haben beim Stier gute Chancen: zum Beispiel der STEINBOCK, braucht er doch selbst seine Bedenkzeit. Auch die JUNGFRAU wird nicht nervös, wenn der Trauschein auf sich warten lässt. Diese beiden Tierkreiszeichen ergänzen sich mit dem Stier auch gut im Lebensstil, denn sie schätzen wie dieser eine natürliche und bodenständige Atmosphäre. Eine einzige erotische Versuchung kann der SKORPION sein, allerdings wartet der nicht so lange auf Liebesschwüre. Auch der WASSERMANN reizt viele Stiere, weil er ihnen immer wieder neue Rätsel aufgibt. Fragt sich nur, ob sie das wirklich glücklich macht.

Freizeit und Gesundheit

Die bodenständige Natürlichkeit seines Wesens ist es, die den Stier immer wieder hinaus in die Natur zieht. Und wenn er in der Großstadt lebt, dann möglichst in der Nähe des Stadtparks. Im Zweifelsfall tun es aber auch Zimmerpflanzen.

So mancher Stier geht in seiner Freizeit regelmäßig in Bau- und Bastelmärkte. Die meisten Stiere sind manuell recht geschickt. Außerdem sind sie ja gern zu Hause und so befassen sie sich viel damit, wie sie ihre Wohnung oder ihr Haus praktischer und schöner gestalten können. Vielleicht haben sie sogar einen kleinen Hobbyraum. Die männlichen Vertreter dieses Tierkreiszeichens haben nicht selten einen gut sortierten Werkzeugkasten und die weiblichen eine Nähmaschine. Auf diese Weise können sie zwei Fliegen mit einer Klappe schlagen: Sie sparen Geld und können noch etwas fürs Eigenheim auf die Seite legen.

Der Gesundheit zuliebe sollten Stier-Geborene auf regelmäßige Bewegung und auf eine leichte Ernährung achten. So mancher Stier kämpft mit Gewichtsproblemen aufgrund von übermäßigem Genuss. Stiere sind aber auch ein wahres Wunder an Widerstandskraft. Das sollten sie sich aber nicht täglich beweisen.

Die Aszendenten-Kombinationen

Sonne Stier – Aszendent Widder: Ein aktiver Typ, der jedoch recht bodenständige Interessen hat. Finanzielle Sicherheit zählt viel, der Realitätssinn ist ausgeprägt. Naturverbundenheit findet man hier mit einer rustikalen, manchmal sogar polternden Note.

Sonne Stier – Aszendent Stier: Eine konservative und gediegene Aura umgibt diesen Menschen. Er ist sehr zuverlässig und stabil in seinen Leistungen, aber auch etwas unflexibel. Er verfügt über praktische Fähigkeiten und viel Familiensinn.

Sonne Stier – Aszendent Zwillinge: Gute kaufmännische Fähigkeiten und viel Freude an Kontakten zeigen sich hier. Beweglich und trotzdem solide, arbeitet man an der Mehrung des eigenen Besitzes. Übersteigerter Materialismus kann die Folge sein.

Sonne Stier – Aszendent Krebs: Menschliche Geborgenheit und finanzielle Sicherheit zählen hier besonders viel. Man geht auf Nummer Sicher und möchte am liebsten alles im Voraus planen. Auch die Liebe. Risiko wird unbedingt vermieden.

Sonne Stier – Aszendent Löwe: Hier ist der Hang zu Höherem unverkennbar. Alles Exklusive und Schöne zieht diese Menschen magisch an. Sie möchten eine gute Stellung in der Gesellschaft einnehmen. Der Egoismus kann ausgeprägt sein.

Sonne Stier – Aszendent Jungfrau: Ein praktischer Mensch, der wirklich rechnen kann! Geschäfte und Finanzen gedeihen, denn man hat einen Riecher für Geld. Man meistert den Alltag mit Bravour, doch plagen einen wegen des übertriebenen Sicherheitsdenkens häufig Zukunftsängste.

Sonne Stier – Aszendent Waage: Alles Musische und Schöne spielt hier eine wichtige Rolle. Diese Charaktere sind sehr kreativ und haben Talente auf künstlerischem Gebiet. Die Neigung zum Wohlleben ist sehr stark ausgeprägt.

Sonne Stier – Aszendent Skorpion: Ein starker Wille und eine kraftvolle Natur ergeben bei dieser Kombination eine beeindruckende Persönlichkeit. Der Lebenskampf wird unerschrocken und instinktiv bewältigt. Ein Problem ist die Unbeugsamkeit.

Sonne Stier – Aszendent Schütze: Großzügigkeit verbindet sich hier auf ideale Weise mit praktischer Bodenständigkeit. Meist recht beliebt, sind diese Menschen trotzdem unentschlossen, was ihr Privatleben betrifft.

Sonne Stier – Aszendent Steinbock: Solide und konservativ, halten diese Menschen an einer einmal gefassten Meinung fest. Die Zähigkeit ist enorm, aber auch der Eigensinn. Trotzdem sind sie sehr zuverlässig und kameradschaftlich.

Sonne Stier – Aszendent Wassermann: Man entwickelt viele originelle Ideen und ist doch ein vernünftiger Mensch. Bewegung und Stabilität vereinen sich ideal. Künstlerische Talente sind vorhanden, aber auch starke innere Spannungen.

Sonne Stier – Aszendent Fische: Ein gemütvoller Typ, der sensibel, doch nicht empfindlich ist. Seine gute Intuition kann er im Beruf wie privat erfolgreich einsetzen. Lediglich seine Sentimentalität stört gelegentlich den inneren Frieden.

Zwillinge

21. Mai bis 21. Juni

Charaktermerkmale

Die Zwillinge sind das dritte Zeichen des Tierkreises. Ihr Planet ist Merkur und ihr Element die Luft. Zwillinge-Geborene brauchen Abwechslung und Bewegung wie die Luft zum Atmen. Es muss sich etwas tun, damit sie in ihrem Element sind. Kontakte knüpfen ist ihre große Stärke. Das erscheint manchen bezaubernd unverbindlich und ist für andere einfach oberflächlich.

Auch wenn Zwillinge manchmal reden wie ein Buch und scheinbar offen sind, so behalten sie doch ihr zweites Gesicht für sich. Sie zu beurteilen ist schwierig, denn manchmal wissen sie selbst nicht, was sie im nächsten Moment tun werden. Sie spielen mit tausend Möglichkeiten und lieben es, von allem ein bisschen zu kosten. Die beiden Seelen in ihrer Brust stellen ihnen so manche Maske zur Verfügung, die sie bei Bedarf einsetzen können.

Alles, was lange dauert, langweilt sie. So wechseln sie gern ihre Überzeugungen, ihre Theorien und vielleicht auch den Beruf. Das Neue fasziniert sie und sie möchten informiert und stets up to date sein. Sie sind niemals schwerfällig, sondern meist heiter und beweglich. Schon beim Hinschauen fällt auf, dass sie ständig in Bewegung zu sein scheinen, selbst wenn sie ganz ruhig dasitzen. Zwillinge-Geborene besitzen einen flinken Verstand, einen wendigen Körper und einen umwerfenden Charme (nur wenn sie wollen, versteht sich), dank dessen man gerne über ihre kleinen, ärgerlichen Unzuverlässigkeiten hinwegsieht. Sie sind in der Regel um keine Ausrede verlegen und doch herzerfrischend ehrlich.

Ihnen ist diese spezielle Vielseitigkeit und Unruhe zu Eigen, die so manchem einfacheren Gemüt Unbehagen bereitet. Sie agieren schneller als andere und können mehrere Dinge auf einmal erledigen. Während die anderen noch die Bedienungsanleitung lesen, sind sie schon mit dem nächsten Projekt befasst.

Ihr wacher Geist braucht ständig neue Nahrung. Viele Zwillinge-Geborene reisen aus diesem Grund für ihr Leben gern, meist sind sie auch beruflich viel unterwegs, denn das Wandern von Ort zu Ort belebt sie.

So gehen sie schwungvoll durch ihr Leben, beginnen vieles, bringen jedoch möglicherweise nur wenig zu Ende. Die Bestimmung des Zwillinge-Geborenen liegt eher in der Rolle des Vermittlers, des Boten, der sich zwischen den Welten bewegt und Informationen überbringt.

Es darf ihm nur nicht langweilig werden – und wenn er sich tatsächlich einmal Ruhe und Geborgenheit wünscht, dann sorgt das Schicksal schon für Trubel.

Der Zwillinge-Mann

Schnelles Denken und ein wacher Geist sind die Markenzeichen des quecksilbrigen Zwillinge-Mannes. Man kann ihn einfach nicht fassen. Er kann reden wie kein anderer und füllt vielleicht sogar mehrere Jobs auf einmal aus. Er braucht das Gefühl, auf allen Hochzeiten gleichzeitig tanzen zu können, deshalb legt er sich auch so ungern fest. Partnerinnen wissen aus diesem Grunde lange nicht, ob sie nun mit ihm eine Beziehung haben oder nicht.

Doch in dem Moment, wo sie abspringen möchten, versteht er es, mit wenigen, überzeugenden Worten das Interesse zurückzugewinnen. Nicht jede Frau wird dieses Spiel auf Dauer mitmachen. Der Zwillinge-Mann wird also schon ein paar Kompromisse machen müssen, wenn er zu einem normalen Familienleben kommen möchte.

Wenn man lernt, seine Worte nicht auf die Goldwaage zu legen, dann kann man ihn besser einschätzen und sich an seiner humorvollen und lebendigen Art erfreuen.

Die Zwillinge-Frau

Die Zwillinge-Frau – interessiert, intelligent und gewandt – ist ein heiterer und zuversichtlicher Kamerad, mit dem man sich nie langweilt. Niemand übertrifft sie an Auffassungsgabe und Schlagfertigkeit. Sie braucht den täglichen geistigen Austausch mit ihrer Umgebung, was nicht selten am Monatsende seinen Niederschlag in einer horrenden Telefonrechnung findet.

Sie ist über alles informiert, hat alles gelesen, vor allem natürlich das Neueste, denn alte Zöpfe interessieren sie nicht. Manchmal wirkt sie dadurch auch ein wenig neugierig, aber sie ist ganz sicher die Informationszentrale ihrer Umgebung.

Mit ihrem fröhlichen Naturell knüpft sie überall schnell Kontakte und kommt dadurch mit vielen unterschiedlichen Menschen zusammen. Sie liebt Partys, Gesellschaften und ist gerne unterwegs. Manchmal will sie gar nicht zur Ruhe kommen, doch dann zieht sie sich schlagartig zurück. Dieser farbige und vielschichtige Charakter bietet Mitstreitern die Möglichkeit, das Leben abwechslungsreich und intensiv zu genießen.

Beruf und Karriere

Eine einsame Studierstube ist nichts für Zwillinge-Geborene. Sie wollen den Puls des Lebens spüren! Die Medien, die Reisebranche, alle Arten von modernen Kommunikationsmitteln und der gesamte Verkauf sind Bereiche, in denen sich der Zwilling austoben kann. Meist sprachbegabt, argumentiert er arglosere Gemüter an die Wand und kann sogar noch einer alten Dame eine Harley Davidson verkaufen. An Überzeugungskraft mangelt es ihm bestimmt nicht.

Auf jeden Fall braucht er einen Beruf, in dem er etwas (bzw. sich) bewegen kann. Sicher sind unter keinem anderen Tierkreiszeichen so viele Geschäftsreisende zu finden wie unter den Zwillingen. Sie sprechen, verhandeln und verkaufen gern und haben damit Erfolg. Manch einer redet wie ein Wasserfall und ist einfach nicht zu stoppen. Ob Zwillinge-Geborene nun für mehrere Firmen gleichzeitig arbeiten oder sich mit atemberaubenden neuen Ideen selbständig machen – Merkur beflügelt sie und gibt ihnen einen brillanten Verstand.

Von der Börse fühlen sich viele Zwillinge magisch angezogen, denn das Spiel mit Chancen und Trends liegt ihnen.

Manchmal versäumen sie es, an ihre Zukunft zu denken und für Rücklagen zu sorgen. Erstaunlich ist es jedoch, wie schnell ein Zwillinge-Mensch nach Misserfolgen wieder zu Geld kommen kann. Ein paar kleine Geschäfte, egal welcher Art, bringen ihn rasch wieder auf die Beine.

Dank seiner einmaligen Fähigkeit, zu reden und zu überzeugen, findet er immer wieder Leute, die auf ihn setzen. Man kann einem Zwilling schon vertrauen, doch blind sollte man dabei niemals sein.

Liebe und Partnerschaft

Sie kennen bestimmt die Geschichte vom Schmetterling, der von Blume zu Blume fliegt. Nein? Dann kennen Sie keinen typischen Zwilling. Ob Mann oder Frau, Zwillinge werden selten mit dem ersten Ehe- oder Lebenspartner alt. Nirgendwo wird so viel gewechselt wie bei ihnen. Ja, es gibt diese berüchtigten Zwillinge, die tatsächlich mehrere Eisen auf einmal im Feuer haben und das Versteckspiel lieben, aber es gibt auch solide Zwillinge. Doch da sie die Abwechslung nun einmal lieben, brauchen sie einen Partner, der ihre Phantasie zu beleben weiß. Verläuft der Beziehungsalltag immer in gleichen Bahnen, dann muss man sich eben woanders umschauen.

Mit zunehmender Reife oder wenn konsolidierende Einflüsse im Horoskop vorhanden sind, können sie sogar treu sein, aber die Versuchung ist für sie meist groß. Wenn der Zwilling lernt, dass der Reiz des Neuen schnell verflogen ist und dass auch die geistigen Qualitäten des Partners eine wichtige Rolle spielen – nicht zuletzt weil er doch selbst so gerne über alles spricht –, dann kann er Zufriedenheit finden.

Die gleiche Wellenlänge finden Zwillinge-Geborene bei einem flotten WASSERMANN, der seine Unabhängigkeit schätzt, oder einer charmanten WAAGE, die anpassungsfähig ist. Auch der LÖWE könnte ein guter Wegbegleiter sein, der allerdings keine Götter neben sich duldet. Ein sportlicher WIDDER wäre ebenfalls eine gute Wahl, denn sein Temperament hält den Zwilling in Atem.

Freizeit und Gesundheit

Es gibt kaum eine klare Linie für Zwillinge-Geborene. Die einen schwimmen auf der Gesundheitswelle, die anderen leben ohne Rücksicht auf Verluste möglichst intensiv. Wenn Zwillinge-Geborene eine sitzende Tätigkeit haben, sollten sie sich zum Ausgleich eine Möglichkeit der körperlichen Bewegung suchen – dann werden sie bis ins hohe Alter agil sein.

Sportliche Neigungen sind zwar vorhanden, nur fehlt Zwillingen oft die Ausdauer, sich zu besonderen Leistungen durchzuringen. Talent haben sie für Leichtathletik, Ballspiele und Tanz.

Schach ist eine Herausforderung für Zwillinge, denn sie können blitzschnell einen Zusammenhang verstehen und darauf reagieren. Das einzige Problem werden langsame Schachgegner sein, die sie dazu zwingen, lange stillzusitzen. Geschicklichkeitsspiele oder auch Computerspiele, allgemein Spiele, in denen ihr Intellekt gefordert ist, interessieren sie ebenfalls. Und natürlich ist auch das Glücksspiel für sie verlockend, verspricht es doch schnelle Erfolge.

Die absolute Lieblings-Freizeitbeschäftigung ist allerdings das Reisen. Neue Länder, neue Menschen und Eindrücke sind für Zwillinge-Geborene faszinierend. Vor allem wenn die berufliche Tätigkeit nicht genügend Abwechslung bietet, wird man in jeder freien Minute unterwegs sein.

Gesundheitliche Schwachstellen der Zwillinge können ihre Stimmbänder sein. Heiserkeit ist nicht selten, aber auch Erkältungen aller Art und Dauerhusten sind ihnen meist nicht unbekannt. Erwähnenswert ist auch die Nervosität, die vielen Zwillingen regelmäßig zu schaffen macht.

Die Aszendenten-Kombinationen

Sonne Zwillinge – Aszendent Widder: Impulsiver und beweglicher geht es kaum. Eine aktive Persönlichkeit, die vor Lebensfreude sprüht. Nervosität ist ein Problem, denn diese Menschen können kaum stillhalten. Sie haben ein überschäumendes Temperament.

Sonne Zwillinge – Aszendent Stier: Diese Menschen sind heiter und beweglich, aber doch zuverlässig. Eine gute Kombination, die viel Gelassenheit vermittelt. Gute kaufmännische und kreative Talente sind vorhanden.

Sonne Zwillinge – Aszendent Zwillinge: Eine ziemlich luftige Angelegenheit. Dieser Mensch findet nur schwer zur Ruhe, er braucht ständig Abwechslung, ist jedoch geistig und sprachlich sehr gewandt.

Sonne Zwillinge – Aszendent Krebs: Gefühl und Intellekt verbinden sich hier zu einem interessanten Charakter. Menschlichkeit wird groß geschrieben, künstlerische Interessen sind häufig vorhanden. Die Stimmung kann allerdings häufig wechseln.

Sonne Zwillinge – Aszendent Löwe: Heiter, großzügig und mit gutem Selbstvertrauen ausgestattet, finden diese Menschen überall Anschluss. Sie arbeiten gerne selbständig. Details können jedoch das Gelingen aufwendiger Pläne verhindern.

Sonne Zwillinge – Aszendent Jungfrau: Hier ist alles auf Geist und Intellekt abgestimmt. Sprachliche Gewandtheit und analytisches Denken stehen für eine journalistische Begabung. Es besteht eine Neigung dazu, kritisch und ironisch zu sein.

Sonne Zwillinge – Aszendent Waage: Beschwingt und charmant, wie er ist, fällt es diesem Typ leicht, auf andere Menschen zuzugehen. Er ist überall dabei und immer up to date. Der Freundeskreis ist meist groß. Ein Problem ist die Oberflächlichkeit.

Sonne Zwillinge – Aszendent Skorpion: Ein kritischer Denker, der allen Geheimnissen auf die Spur kommt. Heiter und tiefsinnig zugleich, wirkt er häufig widersprüchlich. Der Kampfgeist ist recht ausgeprägt.

Sonne Zwillinge – Aszendent Schütze: Ein lebensfroher Mensch, der ganz unverkennbar eine abenteuerliche Note aufweist. Die Reiselust ist sehr ausgeprägt, ebenso die Liebe zur Abwechslung, aber auch das Unstete.

Sonne Zwillinge – Aszendent Steinbock: Aufgeschlossen und doch distanziert nähert sich dieser Charakter seinen Mitmenschen. Meist ist er ein ausgezeichneter Denker, der sich beim Erreichen seiner Lebensziele viel Zeit lässt.

Sonne Zwillinge – Aszendent Wassermann: Beweglich, spontan und originell geht es bei dieser Mischung zu. Ständiger Wandel ist die Lebensdevise. Die innere Unruhe ist enorm, aber auch die Fähigkeit, Visionen zu vermitteln.

Sonne Zwillinge – Aszendent Fische: Eine lebhafte Phantasie, kombiniert mit einer unglaublichen Wendigkeit, macht diesen Typ sehr vielseitig. Schauspielerisches Talent ist vorhanden. Problematisch ist die starke Beeinflussbarkeit.

Krebs

22. Juni bis 22. Juli

Charaktermerkmale

Der Krebs ist das vierte Zeichen des Tierkreises. Sein Planet ist der Mond und sein Element das Wasser. Die Beschreibung harte Schale, weicher Kern trifft wohl auf die meisten Krebs-Geborenen zu. Obwohl sie von Natur aus gefühlvoll veranlagt sind, lassen sie andere nicht schnell in ihr Herz schauen. Menschlichkeit spielt eine große Rolle und bringt ihnen viele Sympathien ein. Wenn ihnen nicht gerade eine ihrer Stimmungen zu schaffen macht, können sie sehr gesellig und vergnügt sein. Freundschaftlich und doch vorsichtig gehen sie an ihre Mitmenschen heran, sind gute Zuhörer und noch bessere Beobachter. Sie haben immer einen Ratschlag für andere bereit, aber nicht unbedingt für sich selbst.

Der Mond symbolisiert in der Astrologie die Kindheit, aber auch die Mutter. Der Krebstyp hat meist etwas Kindliches und Mütterliches zugleich. Er ist empfindlich wie ein Kind und wenn er sich bedroht fühlt, flieht er in sein Heim bzw. seine harte Schale. Er gerät auch leicht in Sorge, natürlich häufig unnötigerweise. Manchmal wird er sogar zum Schwarzseher. Er kann nicht glauben, dass alles glatt gehen soll, irgendwo muss doch eine Gefahr lauern. Daher will er Menschen, die ihm am Herzen liegen, vor allen Gefahren behüten und bemerkt manchmal nicht, wie er sie dabei umklammert.

Sein wirkliches Leben lebt der Krebs nach innen, nicht nach außen. Er ist eines der gütigsten Tierkreiszeichen, freundlich, gefühlvoll und weich. Doch er weiß um seine Weichheit, deshalb versucht er auch so konsequent, Gefahren aus dem Weg zu gehen. Ungute Situationen, aggressive Menschen oder gar offener Streit sind ihm ein Gräuel.

Tagtäglich kann man beobachten, wie der Mond sich verändert. Dieser Rhythmus ist auch im Wesen Krebs-Geborener zu finden. Sie können deshalb sehr schnell ihre Stimmungen wechseln. Von himmelhochjauchzend bis zu Tode betrübt reicht ihr Barometer, gelegentlich kann das auf andere schon etwas launisch wirken. Doch so mancher missgestimmte Krebs will eigentlich nur ein liebes Wort hören.

Der Krebs-Mann

Herr Krebs ist einer der wenigen Männer, die keine Angst vor Gefühlen haben, ja sie brauchen sie geradezu, um sich wohl zu fühlen. Sie fürchten nicht um ihre Männlichkeit, wenn sie sich menschlich geben, und gerade darum sind sie so beliebt.

Der Krebs-Mann ist niemals ein Salonlöwe, sondern meist dezent. Er bevorzugt eine konservative Note in seiner Erscheinung, denn Auffallen ist nicht seine Sache. Und doch kennen ihn meist alle – wegen seiner humorvollen Ader.

Wenn er gerade mal schlechter Laune ist, lässt man ihn am besten in Ruhe und schon nach kurzer Zeit wird er wieder unter die Leute wollen.

Als Partner ist er besonders fürsorglich. Das Wohl seiner Lieben und ihre Sicherheit liegen ihm am Herzen. Trotzdem ist der Krebs-Mann für sein Leben gern unterwegs, braucht aber ein friedliches Zuhause, in das er dann freudig zurückkehrt.

Die Krebs-Frau

Vom Mond beherrscht, gehören Krebs-Frauen zu den weiblichsten Frauen. Sie sind romantisch und tiefer Gefühle fähig, auch wenn diese ihnen so manchen Streich spielen können. Sie schwanken meist zwischen Hochgefühlen und Niedergeschlagenheit – und das mehrere Male am Tag.

Erstaunlicherweise ist sie trotzdem recht belastbar und eine Frau, die weiß, was sie will. In ihrem Berufsleben gibt sie sich meist recht energisch, wohingegen sie in Privatdingen ihre weiche und mütterliche Seite zum Ausdruck bringt.

Ja, sie steht zu ihrer Weiblichkeit und genießt ihre Rolle, besonders dann, wenn ein starker Partner seine Schulter zum Anlehnen anbietet. Schwierig ist für sie das Alleinsein. Das Leben als Single wird ihr nur zeitweise spaßig vorkommen, denn sie fühlt sich in einer Partnerschaft einfach besser aufgehoben. Und natürlich steht die Familie bei ihr hoch im Kurs.

Beruf und Karriere

Ein Lebenskünstler oder Millionär zu sein wäre wohl den meisten Krebs-Geborenen am liebsten, doch es wird eben nicht jeder mit dem goldenen Löffel im Mund geboren. Erstaunlich kreativ können sie schon sein und deshalb gibt es tatsächlich viele Künstler unter den Krebsen. Doch ob sie nun den Dirigentenstab, den Kochlöffel oder das Telefon zu ihrem wichtigsten Karriere-Utensil machen, ist eigentlich egal – Krebse erspüren Markttrends genauso wie die gemischten Gefühle ihrer Verhandlungspartner.

Wenn sie nicht gerade eine private Krise durchlaufen, können sie sehr erfolgreich sein. Viele Krebse haben kaufmännische Talente und können mit Immobilien, Aktien und Handelsware jeglicher Art ihr Geld machen. Doch egal, was sie anfassen, sie werden es nicht an Integrität und Menschlichkeit mangeln lassen. Skrupellosigkeit ist nicht ihr Ding. Sie möchten in gutem Einvernehmen mit anderen leben, deshalb achten sie immer auf freundlichen und zuvorkommenden Umgang. Trotzdem (oder gerade deswegen) kommen sie im Berufsleben gut voran.

Einige Krebs-Geborene haben auch Erfolg mit traditionsreichen Berufen, Kunstgewerbe, Antiquitäten oder dem Fortführen eines Familienbetriebs. Sie verstehen es, das Alte zu bewahren und praktisch ins moderne Leben zu integrieren.

Mit ihren Finanzen sind Krebse nie zufrieden. Sie werden immer jammern, auch wenn sie es gar nicht nötig haben. Ob sie nun das Familienerbe verwalten oder Arbeitslosengeld beziehen: es wird sie immer die Furcht vor Verlusten plagen. Viele Krebse sorgen schon in jungen Jahren für ihr Alter vor, denn man weiß ja nie … Trotz ihres bewegten Lebenswandels schaffen sie es immer, ein paar Mark auf die Seite zu schaffen.

Liebe und Partnerschaft

Wenn man bedenkt, dass zum Beispiel Ernest Hemingway und König Heinrich VIII. im Zeichen des Krebses geboren sind, dann kann man sich vorstellen, dass das Liebesleben Krebs-Geborener ziemlich unruhig verlaufen kann. Krebse können und wollen in ihrem Leben nicht lange allein sein. Gefühle und Zweisamkeit spielen für sie eine große Rolle.

Eifersüchtiger als der Skorpion und mit den Gefühlen verschwenderischer als der Löwe, machen sie es ihren Partnern nicht immer leicht, sie zu verstehen. An einem Tag wird der Partner liebevoll umsorgt und am nächsten Tag kalt angeherrscht, wenn er beim Telefonieren stört. Von ihren Stimmungen haben wir ja schon gehört. Das Liebesleben der Krebse wird nicht unwesentlich von ihren intensiven Emotionen, aber auch von ihrer Verletzbarkeit geprägt. Letztere ist manchen Krebsen gar nicht einmal bewusst.

Außerdem sind Krebs-Geborene höchst empfänglich für Romantik. Kerzenlicht und Klaviermusik im Hintergrund lassen sie ihre Alltagssorgen vergessen und in die Arme des oder der Geliebten sinken. Das Bedürfnis nach Zärtlichkeit und Vertrautheit ist enorm. Sie lassen sich gern umsorgen, übernehmen aber genauso die Verantwortung für den Partner. Seine ausgeprägte Hilfsbereitschaft lässt der Krebs natürlich am liebsten einem Menschen, für den er etwas übrig hat, angedeihen.

Glückliche Stunden und traute Zweisamkeit ganz nach ihrem Geschmack erwarten Krebs-Geborene bei der Wahl eines soliden STIERS oder eines feinsinnigen FISCHE-Geborenen. Einige Krebse fühlen sich auch mit einer zuverlässigen und intelligenten JUNGFRAU wohl. Auch der SKORPION kann ein geeigneter, wenn auch schwieriger Partner sein. Nach anfänglichen Problemen kann sich auch die Beziehung zu einem LÖWEN zum absoluten Dauerbrenner entwickeln.

Freizeit und Gesundheit

Man sagt den Krebsen ja eine ausgeprägte Häuslichkeit nach, doch nun kommt das Verwunderliche: Sosehr Krebse sich in ihren eigenen vier Wänden wohl fühlen, genauso gerne sind sie mit schöner Regelmäßigkeit auf Reisen. Außerdem gehen Krebs-Geborene gerne aus. Das kann ein Kino- oder Theaterbesuch (natürlich etwas Melodramatisches), ein Abend in einem Tanzlokal bzw. einer lauschigen Bar oder ein Essen beim Chinesen um die Ecke sein. Auch im Fußballstadion oder ganz einfach beim Kaufhausbummel kommen sie auf andere Gedanken. Dann freuen sie sich umso mehr auf das traute Heim.

Wenn sie nicht in ihrer Jugend Gelegenheit dazu haben, wird die Liebe zum Meer oder Wasser etwas später kommen. Da bieten sich dann Kreuzfahrten ebenso an wie Ausflüge mit einem Boot auf dem nahe gelegenen See. Und auch wenn sie sich nicht mit Wassersportarten wie Schwimmen oder Segeln anfreunden können, wird sie das Wasser immer auf eigenartige Weise anziehen, denn es ist schließlich ihr Element. Es symbolisiert die Gefühle, die Psyche, aber auch die Sensibilität eines Menschen. Und wer wüsste besser darüber Bescheid als der Krebs?

Seine Sensibilität ist es auch, die ihm ab und zu Probleme mit der Verdauung, insbesondere dem Magen, bereiten kann. Leichte und regelmäßige Kost sollte sich daher bei ihm von selbst verstehen.

Die Aszendenten-Kombinationen

Sonne Krebs – Aszendent Widder: Ein menschlicher Typ, der aktiv und selbständig ist. Er geht energisch vor, doch er lässt auch das Gefühl sprechen. Private Probleme können sich aus den inneren Spannungen ergeben.
Sonne Krebs – Aszendent Stier: Hier spielen Geborgenheit und Sicherheit eine große Rolle. Die Familie hat eine zentrale Position inne und auch Traditionen werden beachtet. Das Ungewisse bereitet häufig Ängste und Unbehagen.
Sonne Krebs – Aszendent Zwillinge: Dieser agile Mensch braucht den täglichen Austausch mit seinen Mitmenschen. Er spricht gern über Gefühle und gibt seinem Privatleben viel Raum. Die Vielseitigkeit ist seine Stärke.
Sonne Krebs – Aszendent Krebs: Gefühle und innere Impulse stehen hier im Vordergrund. Der Verstand ist niemals frei von Emotionen. Liebe und Herzensdinge lenken zuweilen von der Karriere ab. Künstlerische Talente sind vorhanden.
Sonne Krebs – Aszendent Löwe: Verständnisvoll und großzügig präsentiert sich dieser Typ, jedoch ohne die persönliche Note zu verleugnen. Er braucht viel Anerkennung, ist aber trotzdem recht belastbar. Gelegentlich schmollt er.
Sonne Krebs – Aszendent Jungfrau: Pflichtbewusst und geistig wendig, meistert dieser Typ seinen Alltag geschickt. Er setzt auf Sicherheit. Riskante Geschäfte meidet er. Er besitzt Humor, doch entmutigt seine Kritik nicht selten seine Mitstreiter.
Sonne Krebs – Aszendent Waage: Ein Menschenfreund, der sich gepflegt und diplomatisch gibt. Meist sehr beliebt, kann er als Vermittler auftreten und anderen gut zuhören. Probleme bereitet ihm seine Unentschlossenheit.
Sonne Krebs – Aszendent Skorpion: Dieser sensible Typ verfügt über ein intensives Gefühlsleben und doch viel Kampfgeist. Er erscheint hintergründig und übt große Anziehungskraft aus. Sein Gedächtnis ist meist phänomenal.

Sonne Krebs – Aszendent Schütze: Schwung und Weitsicht verbinden sich hier ideal mit dem Gefühl. Man hat Verständnis für menschliche Schwächen, denn man ist meistens großzügig gestimmt. Auch der Lebensstil soll möglichst gehoben sein.

Sonne Krebs – Aszendent Steinbock: Ein feinfühliges Wesen, das jedoch über einen stabilen und ausdauernden Kern verfügt. Von Natur aus zurückhaltend, lassen sich diese Menschen viel Zeit. Tradition und Nostalgie liegen auf ihrer Wellenlänge.

Sonne Krebs – Aszendent Wassermann: Was für eine Mischung! Gefühle und spontane Impulse prägen das Verhalten. Ein origineller Mensch, der Geborgenheit sucht und doch unabhängig sein will.

Sonne Krebs – Aszendent Fische: Ein Romantiker, wie er im Buch steht. Voll von Emotionen und Phantasie ist es für ihn nicht leicht, sich dem harten Alltag zu stellen. Das psychologische Einfühlungsvermögen ist jedoch beeindruckend.

Löwe

23. Juli bis 22. August

Charaktermerkmale

Der Löwe ist das fünfte Zeichen des Tierkreises. Sein Planet ist die Sonne und sein Element das Feuer. Rampenlicht und Bühne ziehen ihn unwiderstehlich an. Dieser Typ hat keine Angst vor Beifall und Bewunderung. Mit stolzer Haltung und unerschütterlichem Selbstvertrauen will er sich sein eigenes Reich erobern. Natürlich weiß er sein strahlendes Lächeln und seine Anziehungskraft einzusetzen. Sein sonniges Naturell macht ihn beliebt und zum Mittelpunkt so mancher Gesellschaft. Er hat auch nichts gegen Luxus und Statussymbole, ja er braucht sie geradezu, um sein leuchtendes Image zu unterstreichen. Wenn er seine Eitelkeit in den Griff bekommt und sich auf das Wesentliche konzentriert, kann er Großes leisten.

Der stolze Löwe, von jeher Symbol für Mut, Kraft und Überlegenheit, ziert nicht umsonst so viele Wappen großer Familien. Man schmückt sich gern mit diesem König der Tiere. Der Löwe-Geborene hat einen Hang zum Höheren und wird daher immer versuchen, nach oben bzw. an die Spitze zu gelangen, sofern er noch nicht dort ist. Da kann er trotz seiner Großmütigkeit und Gerechtigkeitsliebe auch ganz schön arrogant sein, wie das bei hohen Herrschaften eben so ist.

Doch der moderne Löwe kann auch mit dem Alltag umgehen, ohne dass man ihm ständig Komplimente machen muss, obwohl er diese wirklich gerne hört. Nur zu gerne trägt er Verantwortung und wächst daran. Er möchte aber nur Aufgaben übernehmen, die seinen Vorstellungen und Ansprüchen entsprechen.

Der Löwe kann, wie seine Herrscherin, die Sonne, strahlen und Wärme um sich verbreiten. Wegen seiner Großzügigkeit und weil er sich so gern als Beschützer der Schwachen gibt, wird er manchmal leicht ausgenützt. Und es besteht bei ihm eine gewisse Neigung zur Bequemlichkeit. Doch wenn es darum geht, Unterdrückung und Gemeinheit zu bekämpfen, kann er sich mutig und furchtlos einsetzen und sich sogar selbst in Gefahr bringen. Da vergisst er seine königliche Distanz und lässt die anderen seine Krallen spüren, bis seine Souveränität wiederhergestellt ist.

Der Löwe-Mann

Er ist schon ein stattliches Exemplar. Selbst wenn er nicht besonders groß ist, wird man ihn kaum übersehen. Er wird sich schon etwas einfallen lassen, um die Aufmerksamkeit auf sich zu ziehen. Außerdem kann er auf seine unwiderstehliche Ausstrahlung bauen.

Mag sein, dass es auch zurückhaltendere Löwe-Herren gibt, aber ohne besonders elegante Manschettenknöpfe, eine bestimmte Sorte Hemden oder das exklusive Rasierwasser können die meisten von ihnen nicht leben. Sie möchten ihre Persönlichkeit eben mit einem angemessenen Produkt unterstreichen.

Dank seiner vielen Vorzüge gehört er zu den Glückskindern des Tierkreises. Er zeigt seinen Erfolg gerne und ist Freunden gegenüber sehr großzügig. Manchmal muss er allerdings feststellen, dass man ihn nicht mehr kennt, wenn sich die Zeiten ändern. Auch ein erwachsener Löwe-Mann muss immer wieder von neuem lernen, dass man nicht zu schnell vertrauen darf, aber auch, dass man Freunde nicht kaufen kann. Eigentlich hat er das ohnehin nicht nötig, denn er hat doch sein goldenes Löweherz zu bieten.

Die Löwe-Frau

Diese Dame hat ein imponierendes Auftreten und gibt sich großmütig. Durch ihre positive und warmherzige Art ist sie meist bei Männern und Frauen gleichermaßen beliebt. Selbst wenn sie nicht von strahlender Schönheit ist, versteht sie es, eine attraktive Frau aus sich zu machen. Sie weiß, wie man der Natur ein wenig nachhilft, denn schließlich möchte sie ja bewundert werden.

Viele Löwe-Frauen sind Karrierefrauen. Einige bevorzugen das Rampenlicht, andere die Modebranche. Hauptsache, sie haben Aufstiegschancen. Es gibt natürlich auch viele selbständige Löwinnen, denn einen Chef müssen diese Persönlichkeiten nicht unbedingt haben.

Ihr Sinn für Häuslichkeit ist ebenfalls ausgeprägt. Sie gestalten ihr Zuhause repräsentativ und großzügig und empfangen dort gern Gäste. Auf jeden Fall werden sie es immer wieder verstehen, ihr Publikum zu finden.

Beruf und Karriere

Aus dem bisher Gesagten sollte deutlich geworden sein, dass der Löwe ein schlechter Untergebener ist. Jedenfalls verträgt er keine Bevormundung. Lieber wechselt er die Arbeitsstelle, als sich ständig unterzuordnen. Deswegen möchten auch so viele Löwen die lästigen Lehrjahre umgehen und gleich Meister werden.

Die berufliche Selbständigkeit liegt den Löwe-Geborenen. Sie brauchen einen eigenen Bereich, ein eigenes Büro oder eine eigene Abteilung, wo sie schalten und walten können, wie sie wollen. Und wenn das nicht geht, dann bewahren sie sich trotzdem ihre Königswürde – wie zum Beispiel der Schalterbeamte, der das Publikum nicht etwa bedient, sondern souverän abfertigt.

Der Löwe möchte sich einen Namen machen. Doch, um die Anerkennung zu bekommen, die er anstrebt, und sich seine Wünsche zu erfüllen, muss er hart arbeiten. Das mag ihn vielleicht zunächst abschrecken, denn ein verbissener Arbeiter ist er nicht. Versteht er es doch glänzend, die weniger attraktiven Aufgaben an andere zu delegieren. Er hat ja auch die Gabe, andere anzuleiten und zu führen. Außerdem strahlt er Autorität aus und ist ein gefragter Ratgeber. Übrigens gibt es erstaunlich viele Ärzte, die im Zeichen des Löwen geboren wurden.

Der Löwe hat natürlich auch im Beruf gern mit Luxus oder edlen Gegenständen zu tun – einfach mit allem, was ein exklusives Flair hat. Und bei seinem großzügigen Lebensstil muss er aufpassen, dass ihm das Geld nicht durch die Finger rinnt. Wenn er keinen ausgeprägten Jungfrau- oder Steinbock-Einfluss in seinem Horoskop hat, dann ist diese Gefahr nämlich gegeben.

Liebe und Partnerschaft

Das goldene Löweherz ist schnell entflammt. Die Freude an der Verführung und der Jagdinstinkt der Raubkatze ergeben eine unwiderstehliche Mischung. Doch nicht selten verbrennt sich der Löwe am eigenen Feuer. Wenn er seine Krallen unter Kontrolle hat, gedeiht sein Privatleben einfach harmonischer! Erfahrung vor Impulsivität sollte deshalb seine Devise sein.

Als Löwe ist man nun mal nicht gern allein, ihre Hoheit brauchen schließlich einen Hofstaat. Doch Spaß beiseite! Ob Schmusekätzchen oder Raubtier, die Liebe wird beim Löwen zum großen Theater. Er braucht seinen Auftritt und seine Bewunderer. Ein Löwe-Partner ist nichts für Zartbesaitete. Doch er kann seine(n) Geliebte(n) glücklich machen wie kaum ein anderer, denn wenn er liebt, ist er zärtlich, großzügig und loyal. Von seiner gelegentlich hervorbrechenden Selbstgefälligkeit sollte man sich nicht irritieren lassen.

Ob der Löwe nun zu den Schwerenötern gehört oder sich in seinem Leben nur zweimal verliebt hat – auf alle Fälle wartet er in Sachen Liebe nicht gerne. Es kann sogar vorkommen, dass er sich im anfänglichen Überschwang zu einer Ehe hinreißen lässt, denn er ist einfach davon überzeugt, dass seine Gefühle einmalig und außergewöhnlich sind. Das köstliche Gefühl des Verliebtseins wird von ihm schon mal mit der echten und wahren Liebe verwechselt.

Besonders geeignete Partner sind ein dynamischer WIDDER, bei dem er nicht lange warten muss, oder ein abenteuerlicher SCHÜTZE, der wie er immer in bester Laune ist. Ein echter Geheimtipp für den Löwen kann jedoch der KREBS sein, der ihm mit seinen tiefen Gefühlen das Herz wärmt. Auch eine gepflegte WAAGE eignet sich als Weggefährte.

Noch ein Tipp zum Schluss: Wenn Sie sich für einen Löwen interessieren, sollten Sie nie vergessen, dass er ein Raubtier ist und jagen möchte. Machen Sie es ruhig ein wenig spannend und präsentieren Sie sich nur nicht als gefundenes Fressen. Sie nehmen ihm sonst die ganze Spannung. Auch in langjährigen Ehen sollte man sich ab und zu mal rar machen, um das Interesse des Löwen am Leben zu erhalten.

Freizeit und Gesundheit

Die sonnigen Löwen sind nie um eine Idee für ihre Freizeitgestaltung verlegen. Aktivität und Faulenzen haben bei ihnen den gleichen Stellenwert, je nachdem, in welcher Phase sie gerade sind. Sport wird in Maßen betrieben, vielleicht in Form von Golf, und zwar gerade so viel, dass sie ihren Luxuskörper in Form halten.

Wenn sie Zeit haben, machen sie gern allein, mit Freunden oder mit dem Partner einen ausgedehnten Schaufenster- oder Kaufhausbummel. Sie bewundern gern schöne Dinge und Luxusartikel. Angefangen beim Uhren-

und Schmuckladen bis hin zum Feinkostgeschäft mit den Pastetendosen und exotischen Früchten im Schaufenster. Dabei müssen sie gar nicht gleich alles haben. Allein der Traum von einem üppigen Leben ist für sie reizvoll. In ihrer freien Zeit widmen sie sich den angenehmen Seiten des Lebens. Sie gehen gerne zum Essen aus und lassen sich bei einer Massage verwöhnen. Für Löwe-Frauen ist natürlich der regelmäßige Besuch bei der Kosmetikerin ein Muss. Übrigens gibt es viele Löwen, die regelmäßig auf der Sonnenbank liegen. Sonne und Wärme, selbst wenn sie künstlich sind, lassen sie aufleben – noch besser ergeht es ihnen da natürlich im Urlaub.

Körperliche Schwachstellen können das Herz und der Kreislauf sein. Nachdem der Löwe an seine Unverwundbarkeit glaubt, geht er so gut wie nie zum Arzt. Ein regelmäßiger Check up ist jedoch unbedingt zu empfehlen. Hier macht der Löwe eben keine Ausnahme von den anderen Tierkreiszeichen.

Die Aszendenten-Kombinationen

Sonne Löwe – Aszendent Widder: Kraft und Durchsetzungsvermögen schaffen einen energischen Typ. Das Geltungsbedürfnis ist stark, man ist nicht frei von Eitelkeit. Führungsqualitäten und Leistungswille sind sehr ausgeprägt.

Sonne Löwe – Aszendent Stier: Dieser Mensch möchte sich einen Platz in der Gesellschaft erobern. Außerdem ist er den schönen Dingen des Lebens sehr zugetan und hat eine Schwäche für den Luxus. Aufgrund des Durchhaltevermögens bestehen gute Aufstiegschancen.

Sonne Löwe – Aszendent Zwillinge: Eine sehr großzügige und heitere Kombination, die einen sympathischen Typ ergibt. Er tanzt auf vielen Hochzeiten und ist gerne der Mittelpunkt. Doch Vorsicht: Es ist nicht alles Gold, was glänzt.

Sonne Löwe – Aszendent Krebs: Man gibt sich sehr selbstbewusst, hat aber einen verletzbaren inneren Kern. Das Zuhause wird sehr gepflegt und es besteht eine starke familiäre Bindung. Launenhaftigkeit kann ein Problem sein.

Sonne Löwe – Aszendent Löwe: Was für ein sonniges Naturell! Selbstvertrauen und Energie helfen diesen Menschen im Leben immer weiter. Das Rampenlicht und der Luxus ziehen sie magisch an. Sparen ist nicht gerade ihre Stärke.

Sonne Löwe – Aszendent Jungfrau: Eine sehr anspruchsvolle und kritische Zeichenkombination. Dann und wann macht der Perfektionismus zu schaffen. Die Karriere, der Partner, das Umfeld – alles muss vom Feinsten sein.
Sonne Löwe – Aszendent Waage: Musische und künstlerische Interessen sind hier sehr ausgeprägt. Die Erscheinung ist meist sehr gepflegt und der Geschmack erlesen. Man ist allerdings geneigt, mit dem Geld zu verschwenderisch umzugehen.
Sonne Löwe – Aszendent Skorpion: Ein starker und selbstbewusster Mensch, der seine Meinung offen und mit Nachdruck vertritt. Er hat Ausstrahlung und ist dem weltlichen Erfolg sehr zugetan. Er macht selten Kompromisse.
Sonne Löwe – Aszendent Schütze: Großzügig und optimistisch, wie er ist, zieht dieser Typ den Erfolg praktisch an. Er mag es gern abenteuerlich, ist aber auch bereit, für Schwächere Verantwortung zu übernehmen.
Sonne Löwe – Aszendent Steinbock: Würdevoll und autoritär gibt sich dieser Typ. Seine Leistungen können sich sehen lassen. Mit viel Durchhaltevermögen und einer gehörigen Portion Selbstvertrauen bastelt er an seiner Karriere.
Sonne Löwe – Aszendent Wassermann: Die Kreativität und der Hang zur Unabhängigkeit ergeben ein schillerndes und überraschendes Naturell. Dieser Typ ist kameradschaftlich, gelegentlich aber auch unberechenbar.
Sonne Löwe – Aszendent Fische: Die innere Veranlagung hält nicht immer, was das äußere Auftreten verspricht. Dieser Typ schafft es, überzeugend aufzutreten und Visionen zu vermitteln. Doch die Umsetzung überlässt er anderen.

Jungfrau

23. August bis 22. September

Charaktermerkmale

Die Jungfrau ist das sechste Zeichen des Tierkreises. Ihr Planet ist Merkur, der Planet des Verstandes, und ihr Element die Erde. Sie denkt gern über Gott und die Welt nach und beobachtet kritisch ihre Umwelt. Kein Detail entgeht ihr. Wie viel Sympathie könnte sie ernten, wenn sie mit ihren weniger perfekten Zeitgenossen etwas gnädiger wäre und nicht so eine scharfe Zunge hätte. Doch sie ist immer Fehlern auf der Spur. Dies gilt übrigens nicht nur für die Fehler anderer – auch sich selbst beobachtet die Jungfrau mit analytischem Blick. Und sie versucht, mit ihrer Verstandestätigkeit auch gern ihre Gefühle unter Kontrolle zu bringen. Mit ihrem außerordentlichen Konzentrationsvermögen nimmt sie sich vornehmlich solcher Dinge an, die andere als lästige Details empfinden.

Ihre Angelegenheiten möchte sie sicher und überschaubar gestalten. Risiko ist für sie ein Fremdwort, lieber verlässt sie sich auf ihren Verstand, ihre Arbeitskraft und ihr Pflichtbewusstsein.

Die meisten Jungfrauen sind sehr intelligent und immer bemüht, ihren Geist zu schulen. Man möchte nicht stehen bleiben, sondern stets etwas dazulernen. So mancher Klassenbester ist im Zeichen der Jungfrau geboren. Sein ausgezeichnetes Gedächtnis erlaubt es dem Jungfrau-Geborenen, außerordentlich viel Wissen aufzunehmen. Er ist ein hervorragender Ratgeber von Mächtigen und macht sich dadurch unentbehrlich, dass er Spezialist auf einem bestimmten Gebiet ist.

Jungfrau-Geborene lieben alles Klare, Genaue, Symmetrische und sie schätzen vernünftige Kompromisse. Sie sind selten unpünktlich, halten sich stets an Absprachen und verlegen eigentlich nie etwas. Sie sind gut organisiert und entwickeln gerne Ordnungssysteme. Und sollten Sie, liebe Leserin und lieber Leser, einen Jungfrau-Geborenen kennen, der richtiggehend chaotisch ist, dann hören Sie mal genau hin: Inmitten seines Durcheinanders redet er vor allem von einem: von der Ordnung, seinem Lieblingsthema.

Der Jungfrau-Mann

Kühl und überlegt beginnt er seinen Tag. Meist hat er einen genauen Zeitplan, an den er sich auch hält. Damit er seinen Geist in Bewegung hält, liest er auf dem Weg zu seiner Arbeitsstätte schon eine Zeitung. Vielleicht ist er auch jeden morgen der erste, der zum Dienst erscheint.

Pflichtbewusstsein und korrektes Verhalten sind ihm wichtig. Er schätzt gute Umgangsformen und intelligente Gespräche, doch lässt er sich Zeit, Freundschaften zu schließen. Er beobachtet erst einmal, bevor er wirklich aus sich herausgeht. Am meisten zeigt er sich bei anderen von geistiger Brillanz beeindruckt.

Eine besondere Schwäche hat er für Planungen. Alles muss genau geplant sein, der Urlaub, der Umzug, der Einkauf, ja manchmal sogar der Ablauf des Wochenendes. Kein Wunder, dass ihn manche Mitmenschen für kleinlich halten. Ehrlich gesagt, großzügige Einladungen darf man von ihm auch nicht erwarten.

Die Jungfrau-Frau

Die meisten Jungfrauen weiblichen Geschlechts sind sehr gepflegt und schön. Sie sind keine rassigen Vollblutschönheiten, sondern haben oft etwas Kühles und Unnahbares, was sie so besonders macht. Manchmal ist ihr Aussehen geradezu perfekt. Ihre Garderobe ist niemals schlampig oder gar gewagt. Die Jungfrau möchte jedoch nicht wegen ihrer Attraktivität beachtet werden, vielmehr legt sie großen Wert auf innere und geistige Qualitäten.

Sie ist anspruchsvoll und investiert ihre Zeit ungern in albernes Geplänkel. Sie hält sich körperlich und geistig fit und beweist viel Disziplin bei der Arbeit. Weshalb sie auch beruflich gut vorankommt. Ihr Schreibtisch ist natürlich wohl geordnet.

Gefürchtet ist sie bei ihren Geschlechtsgenossinnen wegen ihrer genauen Beobachtungsgabe und der darauf folgenden Kritik. Allerdings möchte sie niemanden bevormunden, sie will nur, dass die Dinge besser gemacht werden, denn sie ist eben eine Perfektionistin.

Beruf und Karriere

Jungfrau-Geborene sind mit ihrem Beruf verheiratet. Sie arbeiten gerne und machen vielleicht auch besonders viele Überstunden. Oft sind sie noch im Büro, wenn alle anderen schon gegangen sind. Sie sind äußerst gewissenhaft, was manchem Kollegen auch mal als pingelig erscheinen kann. Ja, eine gewisse Pedanterie ist nicht von der Hand zu weisen, denn mit manchen Dingen nehmen sie es etwas zu genau. Schlimmstenfalls sehen sie den Wald vor lauter Bäumen nicht.

Zu ihrer gepflegten Erscheinung kommen noch gute Umgangsformen – und schon haben sie in der Geschäftswelt vielen anderen etwas voraus. Doch ihre wahren Talente zeigen sie, wenn der Intellekt gefordert ist. Mit Sprache, Schrift und jeglichen Kommunikationsmitteln können sie geschickt umgehen. Ihr Verstand läuft mit der Präzision eines Uhrwerks. Sie geben ebenso hervorragende Journalisten, Politiker und Lehrer wie Sekretärinnen und Sekretäre ab. Wenn sie ihren Federkiel nicht gerade in Gift tauchen, eignen sie sich aber auch als technische Designer. Oder sie bringen es gar zum Finanzgenie. Auch juristisch sind sie begabt.

Wenn Jungfrau-Geborene für ihren Arbeitseinsatz von anderen Komplimente bekommen, ist ihnen das oft peinlich und kann sie sogar misstrauisch machen. So manche Jungfrau hält sich nämlich für unzulänglich. Und diejenigen, bei denen das nicht der Fall ist, sind einfach bescheiden und halten sich gern im Hintergrund, was dann leicht den Eindruck der Schüchternheit erwecken kann.

Was die Finanzen angeht, so werden Jungfrauen niemals eiserne Reserven anrühren. Sie können gut mit Geld umgehen und verstehen es, Schnäppchen zu ergattern. Und was sie dabei einsparen können, gibt ihnen eine gewisse Sicherheit, die für ihr Wohlbefinden so wichtig ist.

Liebe und Partnerschaft

Neue Kontakte schließt die Jungfrau meist erst nach gründlicher Überprüfung, denn sie will ja auf Nummer Sicher gehen und entwickelt Vertrauen und Zuneigung nur zögernd. Selbst nach längerer Bekanntschaft nähert sie sich einem sympathischen Menschen nur vorsichtig und mit Niveau.

Grundsätzlich ist die Jungfrau der Ehe oder zumindest einer festen Lebensgemeinschaft zugetan, denn sie will geregelte Verhältnisse. Wichtig ist es für sie, einen geistig wendigen Partner zu haben, der zuverlässig und vor allem treu ist. Dafür hat sie im Gegenzug ihren soliden und aufrichtigen Charakter zu bieten.

Viele Jungfrauen spüren wahrscheinlich instinktiv, dass sie einen Partner brauchen, der optimistisch und lebensbejahend ist, der immer wieder darauf besteht, dass das Paar unter die Leute geht und zu Hause Besuch empfängt, denn sie selbst sind oft zu pflichtbewusst und können nur schwer abschalten. Manchmal kann so der Eindruck entstehen, dass ihnen ihr Privatleben nicht besonders wichtig ist.

Damit kommen am besten STIERE zurecht, weil sie sich darüber freuen, dass ihre Jungfrau gut verdient, STEINBÖCKE, weil ihnen selbst die Karriere so wichtig ist, und SKORPIONE, die alles mit ihrem Selbstbewusstsein ausgleichen. Der heiße Tipp für die Jungfrau ist jedoch der dynamische WIDDER, der sie aus ihrem Trott herausreißt und ihr die Abenteuerlichkeit der Welt näher bringt. Er kann ihr vermitteln, dass man um Risiken nicht unbedingt einen großen Bogen machen muss, sondern dass diese durchaus einen Reiz haben. Da besteht aber dann keine Chance für spröde Ausreden!

Freizeit und Gesundheit

Schon lange vor allen Fitnesswellen hat die Jungfrau gewusst, dass man etwas für seinen Körper tun muss, wenn man in Form bleiben möchte. Trotzdem sind die wenigsten Jungfrauen Freunde von schweißtreibendem Kraftsport. Ihr Interesse gilt eher Körperarbeit mit einer Botschaft, etwa Yoga, Atemübungen oder Meditation.

Natürlich setzt die Jungfrau ihren Verstand auch in der Freizeit gerne ein. Geduldsspiele und Kreuzworträtselraten sind oft geradezu eine Manie von ihr. Ihr Geist möchte ja immer in Bewegung sein. Manche Jungfrauen können andere Menschen glänzend imitieren. Ihnen liegt weniger der deftige Witz, sondern eher die ironische Art. Ihre Bemerkungen sind manchmal so nüchtern, trocken und präzise beobachtet, dass andere sich vor Lachen biegen.

Die meisten Jungfrauen haben ein ausgeprägtes Bewusstsein für eine vernünftige Lebensführung und eine gesunde Ernährung. Trotzdem kommt es immer wieder vor, dass sie Probleme mit dem Darm haben oder zumindest in diesem Bereich empfindlich reagieren.

Die Aszendenten-Kombinationen

Sonne Jungfrau – Aszendent Widder: Hier verbinden sich Energie und Methodik in praktischer Weise. Kraft wird sinnvoll eingesetzt, die Erfolge sind fast schon vorprogrammiert. Die Gefühlsseite tritt etwas zurück, der Hang zur Kritik ist stark.

Sonne Jungfrau – Aszendent Stier: Eine sehr bodenständige und pragmatische Kombination. Man verlässt sich nur auf die Realität und alles Fassbare. Materielle Erfolge bedeuten diesen Menschen viel, die inneren Werte können dabei jedoch zu kurz kommen.

Sonne Jungfrau – Aszendent Zwillinge: Diese Mischung steht für eine große geistige Beweglichkeit und einen sehr flinken Verstand. Redegewandtheit und Vielseitigkeit verstehen sich von selbst. Es besteht eine Neigung zu Ironie und Witz.

Sonne Jungfrau – Aszendent Krebs: Dieser Typ hat ein gutes Fingerspitzengefühl für Menschen und Situationen, aber auch für sich bietende Möglichkeiten. Verstand und Gefühl verbinden sich bei ihm auf ideale Weise. Er neigt jedoch zu Launenhaftigkeit.

Sonne Jungfrau – Aszendent Löwe: Organisation und Planung liegen diesem Menschen im Blut. Mit viel Selbstvertrauen packt er seine Ziele an und geht methodisch vor. Dabei ist er jedoch häufig zu anspruchsvoll und überkritisch.

Sonne Jungfrau – Aszendent Jungfrau: Klug und mit viel Umsicht möchte dieser Mensch ein geordnetes Leben führen. Alles soll möglichst überschaubar und gut organisiert sein. Dabei misstraut er Gefühlen und gibt sich zurückhaltend.

Sonne Jungfrau – Aszendent Waage: Gerechtigkeitssinn und Methodik verbinden sich mit einem ausgeprägten Intellekt. Auch der Sinn für Kunst, Kultur und Ästhetik ist vorhanden. Allerdings besteht eine gewisse Entscheidungsschwäche.

Sonne Jungfrau – Aszendent Skorpion: Ein kritischer und analytischer Geist mit viel psychologischem Geschick. Die Arbeitsleistung ist enorm, das Auftreten zurückhaltend und misstrauisch.

Sonne Jungfrau – Aszendent Schütze: Verantwortungsbewusst und offen begegnet dieser Typ seinen Mitmenschen. Er ist stark an Bildung und Lebensphilosophie interessiert. Er muss aufpassen, dass er nicht ausgenützt wird.

Sonne Jungfrau – Aszendent Steinbock: Erdverbunden, konservativ und standhaft gibt sich diese Persönlichkeit. Sie ist stolz auf ihre Festigkeit und lässt sich kaum auf Kurskorrekturen ein. Zuverlässigkeit ist selbstverständlich.

Sonne Jungfrau – Aszendent Wassermann: Diese Menschen haben originelle Ideen, viel Intuition und auch die Begabung, ihre Visionen umzusetzen. Sie lieben vielschichtige, interessante Gespräche und jede Menge Abwechslung.

Sonne Jungfrau – Aszendent Fische: Kameradschaftlich und sozial eingestellt, beweist dieser Charakter viel Menschlichkeit. Gefühl und Verstand liegen jedoch häufig im Widerstreit. Intuitiv analysieren sie Probleme und ihre Mitmenschen.

Waage

23. September bis 22. Oktober

Charaktermerkmale

Die Waage ist das siebte Zeichen des Tierkreises. Ihr Planet ist die Venus und ihr Element die Luft. Waage-Geborene wünschen sich vor allem Frieden und Harmonie. Sie sind stets in diplomatischer Mission unterwegs, denn sie haben geradezu eine Scheu vor Auseinandersetzungen. Bei ihren Versuchen, auszugleichen und zu vermitteln, ohne selbst Partei zu ergreifen, geraten sie jedoch so manches Mal zwischen den Fronten ins Kreuzfeuer. Die anderen sind eben aus der Waage-Perspektive undankbar.

Die Fähigkeit Waage-Geborener, Harmonie in den Alltag zu bringen, kann sich auch in einer künstlerischen Tätigkeit äußern. Sie haben einen Sinn für die schönen Dinge des Lebens und beschäftigen sich gerne mit Kunst, Mode und Luxusartikeln. Geschmack ist eine wichtige Eigenschaft für sie und sie haben Freude an Eleganz und Stil. Die Waage ist charmant und taktvoll, jedoch schwer zufrieden zu stellen. Ihre Kritik ist allerdings immer von einem Lächeln begleitet. Venus verleiht der Waage ihre natürliche Freundlichkeit, die von anderen Menschen nicht immer richtig gedeutet wird. Deshalb gilt für alle Waage-Geborenen: Trainieren Sie Ihre Ellenbogen und setzen Sie sich öfter durch!

Ein weiterer zu beachtender Charakterzug der Waage ist der ausgeprägte Sinn für Fairness und Gerechtigkeit. Dies ist auch der Grund, warum sie sich für wichtige Entscheidungen viel Zeit nimmt. Sie möchte alles in Ruhe überdenken und vielleicht auch noch ein paar Meinungen einholen. Meist ist sie mit dieser Taktik erfolgreich, doch manchmal kommt sie auch gar nicht weiter, weil sie unentschlossen ist.

Das schroffe Neinsagen liegt ihr nicht, da baut sie lieber ein Vielleicht oder ein Eventuell in die Absage ein. Dadurch kann sie schon mal in Schwierigkeiten geraten, denn es bleibt nicht aus, dass bei anderen falsche Hoffnungen geschürt werden. Sie will eigentlich niemanden enttäuschen, muss es dann aber doch tun. Gott sei Dank versteht sie es blendend, solche Situationen weitgehend zu vermeiden.

Der Waage-Mann

Der Waage-Mann ist von Natur aus freundlich und versöhnlich gestimmt. Grobe und ungehobelte Menschen sind ihm zuwider. Er ist sympathisch und charmant, so dass er bei vielen Menschen gern gesehen ist. Zwar kommt er wunderbar mit allen aus, weil er nun mal mit seiner Umwelt in Frieden leben möchte, doch wenn er Ungerechtigkeiten erlebt oder sein Sinn für Harmonie gestört wird, kann er sich schlagartig zurückziehen und sogar seine Freundlichkeit und Diplomatie vergessen, die sonst so typisch für ihn sind. Am Ende wird er jedoch ausgewogen reagieren und immer auch ein geeigneter Vermittler bei Unstimmigkeiten sein. Dieser Mann ist fair und er erwartet, dass auch die anderen keine unlauteren Mittel anwenden.

Außerdem ist er ein ausgesprochener Ästhet. Abgesehen davon, dass er Schönheit und Kunst besonders bewundert, hat er auch eine Schwäche für Liebesangelegenheiten.

Die Waage-Frau

Venus verwöhnt die Waage-Frauen. Egal, wie jung oder alt sie sind, sie haben das gewisse Etwas. Es ist so eine Art zeitlose Schönheit, die sehr viel mit ihrer natürlichen Freundlichkeit zu tun hat. Außerdem ist ein ansprechendes und gepflegtes Äußeres für sie selbstverständlich.

Ihr persönlicher Stil ist meist klassisch-elegant, weil sie Ausgewogenheit bevorzugen. Schrille Trends sind nichts für sie. Sie werden häufig um ihre Meinung gefragt, wenn die anderen mal wieder nicht wissen, was sie anziehen oder wie sie ihre Kleidung zusammenstellen sollen.

Wenn zwei Menschen sich streiten, wird eine Waage-Dame versuchen, die ausgleichende Dritte zu sein. Sie kann schon durch ihr bloßes Da-Sein versöhnlich wirken. Und wenn sie mit logischen Argumenten eingreift, kann sie anderen zu einem Kompromiss verhelfen. Diese Stärke kann sie beruflich und privat gleichermaßen einsetzen und dafür so manche Sympathie ernten.

Beruf und Karriere

Die Waage ist nicht nur das Symbol des Gleichgewichts und der Harmonie – sie ist auch das Symbol des Rechts. Tatsächlich findet man bei den Waage-Geborenen überdurchschnittlich viele Juristen. Aber nicht nur die Diplomatie und die Welt des Rechts und der Gesetzgebung, auch die Welt der Kunst wird durch die Waage-Geborenen bereichert, wo sie zum Beispiel als Innenarchitekten oder Modedesigner arbeiten. Wegen ihrer Fähigkeit, zu vermitteln und Kompromisse zu erwirken, sind sie auch geeignete Mitarbeiter in Personalabteilungen. Sie arbeiten außerdem in der Politik, am Theater und in Verlagen.

Auch wenn Waage-Geborene sich nicht selbst als Maler oder Sänger beruflich betätigen, so fühlen sie sich doch von Kunst und Kultur stark angezogen. Auf jeden Fall werden sie aufgrund ihrer Liebe zur Harmonie ihren Arbeitsplatz schön gestalten und es nicht lange in einer schlampigen und derben Umgebung aushalten.

Übrigens eignen sich Waage-Geborene mit ihrer freundlichen, gelegentlich etwas unverbindlichen Art gut für den Empfang. Auch als Telefonisten oder freundliche Kundenberater leisten sie gute Arbeit.

Sie sparen meist nur in Notzeiten, besser wäre es allerdings manchmal schon etwas früher. Doch für die schönen Dinge des Lebens bringen sie immer wieder Geld zusammen. Waage-Menschen haben auch ein gutes Gespür für den Kunstmarkt.

Liebe und Partnerschaft

Bei so viel Geschmack ist es sicher nicht leicht, einen Partner nach Maß zu finden. Die Waage sieht und genießt gern die Vorzüge des anderen Geschlechts. Sie ist eben ästhetisch veranlagt und wünscht sich einen attraktiven und gepflegten Partner, der dem eigenen Image zuträglich ist. Wenn da nur nicht diese ewigen Versuchungen wären! Meisterhaft versteht es die Waage, beim Flirt das Mögliche zu versprechen. Freundschaft verwechselt sie gelegentlich mit Liebe.

Wichtig ist in ihren Beziehungen eine klare Linie, sonst könnte es Missverständnisse geben (wegen der Flirts). Waage-Geborene sollten nicht zu viel versprechen und keine Angst vor deutlichen Worten haben, auch wenn sie damit anderen möglicherweise wehtun.

Mit festen Bindungen lässt sich die Waage gerne Zeit, denn wie bei allen wichtigen Entscheidungen muss sie auch bei dieser gründlich über die Konsequenzen nachdenken und außerdem entsteht innere Nähe bei ihr nur langsam. Hat sie sich jedoch einmal durchgerungen, wird sie sehr an einer stabilen, verlässlichen und ausgeglichenen Beziehung interessiert sein. Die Waage ist außerordentlich anpassungsfähig und gibt schon mal nach, um den Frieden zu wahren, doch lieblose Schlamperei und ein ungepflegtes Äußeres verträgt sie auf Dauer nicht. Natürlich zählen bei ihr neben guten Umgangsformen auch die inneren Werte, doch die Ästhetik ist für sie von nicht zu unterschätzender Bedeutung, oder anders ausgedrückt: Das Auge will einfach bedient werden.

Dauerhaft könnte die Waage von einem starken LÖWEN fasziniert sein, der sie verwöhnt und sich wie sie auf dem gesellschaftlichen Parkett bewegen kann. Ein origineller WASSERMANN oder auch ein wendiger ZWILLING wären ebenfalls eine gute Wahl. Vorsicht jedoch vor einem WIDDER mit seiner ungestümen Art. Schließlich möchte eine Waage hofiert werden. Sie schätzt Komplimente und eine vorsichtige Annäherung. Draufgänger ohne gute Kinderstube haben keine Chance.

Freizeit und Gesundheit

Die Waage spürt, dass sie sich mit Schönem immer wieder innerlich ausgleichen kann, und das tut sie dann meist mit einem künstlerischen Hobby. Angefangen mit der Musik, die für viele Waage-Geborene geradezu ein Lebenselixier darstellt, bis hin zu Tanz, Malerei, Lesen und Museumsbesuchen. Da sie sich auch gerne dem Gesellschaftsleben widmen, ist ein Theater- oder Kabarettbesuch eine ideale Gelegenheit, mehrere Interessen miteinander zu verbinden. Auch die diversen Spezialitätenrestaurants sind von Waage-Geborenen bevölkert.

Man kann bestimmt nicht sagen, dass sie mit ihrer Freizeit nichts anzufangen wüssten oder dass Langeweile für sie ein Problem wäre. Vor lauter Lebensgenuss ist es für sie jedoch oft schwierig, die Figur zu halten. Da sollten sie sich wirklich gut überlegen, ob die zusätzlichen Pralinen nach dem Viergängemenü unbedingt sein müssen.

Da ausgerechnet bei ihnen der Magen einen Schwachpunkt darstellt, sollten sie sich beim Essen um ihre berühmte Ausgewogenheit bemühen. Auch der Rücken, insbesondere der Lendenwirbelbereich, kann Schwierigkeiten bereiten. Ausgleichende Bewegung, wie Wandern oder Schwimmen, ist deshalb besonders wichtig. Da die Waage ein Gemeinschaftsmensch ist, wird sie das lieber im Verbund mit anderen tun. Überhaupt läuft sie zu bester Form auf, wenn sie Freizeit oder Urlaub zusammen mit Freunden verbringt.

Die Aszendenten-Kombinationen

Sonne Waage – Aszendent Widder: Man gibt sich anpassungsfähig und doch ist man ein echter Dynamiker. Harmonie und Frieden werden gesucht, doch bereitet Ungeduld gelegentlich Probleme, diese zu finden. Dieser Typ verfügt über ein gutes Leistungspotential.

Sonne Waage – Aszendent Stier: Ein Mensch mit viel Anziehungskraft und Schönheitssinn. Er ist den Genüssen des Lebens gegenüber sehr aufgeschlossen. Meist wählt er einen künstlerischen bzw. kreativen Beruf.

Sonne Waage – Aszendent Zwillinge: Charmant, heiter und mit viel gesellschaftlicher Gewandtheit brilliert dieser Typ bei allen Gelegenheiten. Auf Partys ist er ein gern gesehener Gast, weil er so herrlich Geschichten erzählen kann.

Sonne Waage – Aszendent Krebs: Bescheidenheit und ein freundliches Wesen machen diese Persönlichkeit meist besonders beliebt. Man hat viel Sinn für menschliche Probleme. Die eigenen Stimmungsschwankungen sind jedoch beachtlich.

Sonne Waage – Aszendent Löwe: Hier darf es ruhig ein wenig glitzern. Alles Luxuriöse und Elegante zieht diese Menschen magisch an. Gutes Stilempfinden, künstlerische Interessen und ein gewandtes Auftreten zeichnen sie aus.

Sonne Waage – Aszendent Jungfrau: Gute Umgangsformen und ein niveauvolles Wesen findet man bei dieser Kombination. Diese Menschen sind geistig beweglich und engagieren sich gern für Kulturelles.

Sonne Waage – Aszendent Waage: Ein fairer Typ, der großen Wert auf gerechte Entscheidungen legt. Um des lieben Friedens willen gibt er oft nach. Geschmackvoll und gepflegt präsentiert er sich bei seinen vielfältigen Kontakten.

Sonne Waage – Aszendent Skorpion: Hinter einem Lächeln verbirgt sich ein beachtlicher Kampfgeist. Man ist zielstrebig, ehrgeizig, aber auch durchaus diplomatisch. Diskussionen um Gerechtigkeit können manchmal in Streit ausarten.

Sonne Waage – Aszendent Schütze: Eine elegante Ausstrahlung und ein etwas abenteuerliches Flair ergeben sich bei dieser Zeichenkombination. Dieser Mensch schätzt seine Unabhängigkeit und sucht den gesellschaftlichen Aufstieg.
Sonne Waage – Aszendent Steinbock: Ambitioniert, mit Sinn fürs Praktische und mit viel Leistungsvermögen ausgestattet, lässt man sich kaum beeinflussen. Kleine Kompromisse werden gemacht, damit die große Linie stimmt. Gute praktische Fähigkeiten sind gegeben.
Sonne Waage – Aszendent Wassermann: Mitunter ein schillernder Paradiesvogel. Er ist sehr freiheitsliebend und experimentierfreudig. Die innere Unruhe sorgt immer wieder für Lebensveränderungen.
Sonne Waage – Aszendent Fische: Künstlerische Talente, Phantasie und Intuition haben diese einfühlsamen und feinsinnigen Menschen. Doch sie neigen dazu, den eigenen Talenten zu misstrauen, oder leiden unter Antriebsmangel.

Skorpion

23. Oktober bis 21. November

Charaktermerkmale

Der Skorpion ist das achte Zeichen des Tierkreises. Seine Planeten sind Pluto und Mars, sein Element ist das Wasser. Das kleine Tier mit dem giftigen Stachel versetzt so manchen in Angst und Schrecken. Und auch die „menschlichen" Skorpione sind es gewohnt, dass andere erst einmal zusammenzucken, wenn sie hören, mit wem sie es zu tun haben. Doch das Bild vom Skorpion hat sich gewandelt: Eigenwillig, stark und auch stolz können sie schon sein, aber ihren berühmten Stachel setzen sie wirklich nur dann ein, wenn sie sich bedroht fühlen. Den faustischen Urtrieb, alles zu analysieren und den Geheimnissen des Lebens auf die Spur zu kommen, können sie jedoch nicht verleugnen. Ihrem Röntgenblick entgeht kaum etwas. Gnadenlos sind sie den Ungerechtigkeiten des Lebens und den menschlichen Schwächen auf der Spur.

Skorpione sind eben keine bequemen Zeitgenossen. Und sie sind Individualisten. Sie gehen ihren eigenen Weg und haben selten Angst vor der echten Herausforderung. Ja, sie brauchen sie geradezu, denn wenn das Leben allzu glatt läuft, fühlen sie sich nicht wohl. Der kämpferische Mars, der neben Pluto den Skorpion regiert, sorgt schon dafür, dass diese Menschen notfalls eine kleine Kontroverse provozieren, um in Form zu bleiben.

Man darf sich Skorpionen gegenüber keine Schwäche anmerken lassen und sollte sie keinesfalls herausfordern, vor allem dann nicht, wenn sie in einer angriffslustigen Stimmung sind. Dem Schwächling und dem Narren gegenüber kann der Skorpion genauso schonungslos und mitleidslos reagieren wie gegenüber einem ernst zu nehmenden Konkurrenten. Ausnahmen kommen zwar vor, aber etwas von dieser Härte trifft auf alle Skorpione zu, auch wenn sie diese mit noch so perfekten Umgangsformen tarnen.

Der Skorpion-Mann

Dieser Mann lässt einen nicht gleichgültig. Entweder fesselt er einen Menschen mit seinem Wesen total oder er ruft eine gewisse Abwehr hervor. Es ist immer sehr spannend, mit einem Skorpion-Mann zu tun zu haben, denn er lässt sich niemals durchschauen. Als sicher kann man voraussetzen, dass er ein harter Arbeiter und ein manchmal verbissener Kämpfer ist. Er muss sich einfach reiben und seiner Umwelt beweisen, wer er ist. Er ist ehrgeizig, doch er kann eine Stellung ohne weiteres hinwerfen, wenn er sich mit dem Chef nicht verträgt.

Er kann sehr großzügig sein und doch mit jedem Pfennig geizen, wenn etwas nicht nach seinem Geschmack ist. Es ist eben eine richtige Schwarzweißmalerei, die er in seinem Leben betreibt. Auch andere Menschen findet er entweder sofort sympathisch oder er kann sie nicht ausstehen. Bei ihm gibt es eben kein Mittelmaß.

Die Skorpion-Frau

Die Skorpion-Frau ist ein ebenso besonderer wie eigenwilliger Typ. Ihre Schönheit hat meist etwas Geheimnisvolles. Etwas Magisches umgibt sie und in ihren Netzen hat sich wohl schon so mancher liebeskranke Mann verfangen.

Sie ist eine starke Frau, die ihre Geschlechtsgenossinnen meist an Kraft und Energie überbietet. Sie will ganz einfach alles und kann sich im Leben nicht mit lauwarmen Kompromissen abfinden. Außerdem ist sie geistreich und kann sogar aufopfernd sein, wenn es die Situation verlangt.

Sie schätzt den Wettbewerb und hat keine Probleme, sich mit männlichen Mitstreitern zu messen. Ja, manchmal motiviert es sie besonders, die männliche Konkurrenz auszustechen.

Beruf und Karriere

Ein Skorpion kann sich auf allen Karrierebühnen bewähren, solange man ihn in Ruhe machen lässt. Ungeduldige Chefs und Menschen, die ihm etwas vorschreiben wollen, sind ihm zuwider. Er kann selbständig arbeiten, ob nun in seinem eigenen Unternehmen oder für jemand anderen. Sein gutes Gedächtnis ist ihm bei allen möglichen Tätigkeiten eine Hilfe. Leider setzt er dieses Gedächtnis aber auch dazu ein, sich schlechte oder ungerechte Behandlung zu merken. Es gibt Skorpione, die jahrelang auf Vergeltung warten, doch auch wenn sie auf die Gerechtigkeit des Schicksals vertrauen – vergessen werden sie nie.

Weil Skorpione so gerne den Dingen auf den Grund gehen, gibt es unter ihnen viele Forscher, Psychologen und Archäologen. Und natürlich üben die Grenzwissenschaften und unerklärliche Phänomene eine große Faszination auf sie aus. Weil sie ein großes Talent haben, bei anderen die wunde Stelle, die Achillesferse, zu finden, sind sie hervorragende Detektive, und niemand sonst versteht es so gut, sich in einen Verbrecher hineinzudenken und ihn mit Virtuosität zu fangen. Als Ärzte können sie förmlich wittern, wo der Tumor sitzt.

Sie haben einen ausgeprägten Instinkt, man kann auch sagen: siebten Sinn, und der ist ihnen bei der Karriere sehr hilfreich. Konkurrenten und heimliche Machenschaften riechen sie schon von weitem, und man sollte nur nicht glauben, dass sie nichts dagegen unternehmen.

Liebe und Partnerschaft

Wer noch keinen Skorpion zum Partner hatte, der ist an der Liebe und vor allem am Thema Sex glatt vorbeigegangen. Man unterstellt Skorpionen fast schon wundersame Fähigkeiten in Sachen Erotik, und bekanntlich ist ja an jedem Gerücht etwas dran. Ihre Verführungskünste sind unmerklich, aber meist sehr effektiv. Die Liebe eines Skorpions ist immer unvergesslich. Er ist leidenschaftlich und kühl zugleich und wird einen nie wirklich wissen lassen, was in ihm vorgeht.

Skorpione sind nichts für schwache Gemüter. Sie fordern von ihren Partnern Loyalität und psychologisches Einfühlungsvermögen. Seelische Treue und Aufrichtigkeit sind in ihren Beziehungen unabdingbar. Vertrauensbrüche vergessen sie nie und verzeihen sie noch weniger, auch wenn sie es nicht zugeben. Ihre Qualitätsmaßstäbe sind sehr hoch, vor allem die charakterlichen Qualitäten eines möglichen Partners zählen bei ihnen viel. So mancher Skorpion zieht lieber allein durchs Leben, wenn er keinen integren Partner findet.

Der Skorpion glaubt an die absolute und einmalige Liebe und er möchte sich mit halben Sachen gar nicht erst befassen. Sein Kampfgeist kommt seinen Lieben zugute, die er gegen Angriffe und jegliche Unbill verteidigen wird.

Erfolgreich bewerben kann sich der Skorpion bei einem aufrichtigen STEINBOCK. Geheimnisvolle und feinsinnige FISCHE-Geborene werden ihn faszinieren. Und die eiserne JUNGFRAU regt seine Phantasie an. Für schlaflose Nächte hingegen können ein verführerischer KREBS oder ein sinnlicher STIER sorgen.

Freizeit und Gesundheit

Skorpione sind Individualisten, die das gesellschaftliche Treiben mit einer gewissen Ironie beobachten. Deshalb meiden sie in ihrer Freizeit auch Massenveranstaltungen und schließen sich keinen Massenbewegungen wie etwa der Fitnesswelle an. Das, was alle toll finden, ist ihnen eher suspekt und provoziert sie zu kritischen Äußerungen. Da verwundert es nicht, dass so mancher Skorpion überhaupt nichts für seine Gesundheit tut. Tag und Nacht steht er unter Hochspannung und da kommt die Freizeit oft zu kurz. Da Mars sie mit viel Energie versorgt, neigen Skorpione dazu, sich zu überfordern. Doch sie sind Konditionswunder. Allerdings erleiden sie schon mal einen Zusammenbruch, weil sie einfach keine Pausen einlegen. Daher kommt es nicht selten zu Depressionen oder Störungen des Nervensystems. Körperliche Schwachstellen sind die Blase und die Geschlechtsorgane.

Sollten sie sich doch dem Sport verschreiben, dann streben Skorpion-Geborene natürlich Höchstleistungen an. Auch Extremsportarten wie Tiefseetauchen gefallen ihnen. Da ihnen, wie erwähnt, Massenveranstaltungen nicht liegen, werden sie es auch genießen, einfach mal allein zu sein und ihren Gedanken nachzuhängen.

Die Aszendenten-Kombinationen

Sonne Skorpion – Aszendent Widder: Was für ein Kämpfer! Man sollte sich ihm nicht in den Weg stellen, denn er kann schon mal rigoros und auch skrupellos sein. Sein Ehrgeiz ist groß, aber auch seine Kraft und sein Willen.
Sonne Skorpion – Aszendent Stier: Halbe Sachen interessieren diese Menschen nicht. Überzeugt und leidenschaftlich engagieren sie sich für eine Aufgabe. Finanzielle Sicherheit liegt ihnen ebenso am Herzen wie ein intensives Liebesleben.
Sonne Skorpion – Aszendent Zwillinge: Geistig behende und mit einem präzisen Gedächtnis ausgestattet ist dieser Individualist. Er ist heiter und

beweglich, jedoch stets bereit, seinen Stachel einzusetzen. Er verfügt über eine erstaunliche Menschenkenntnis.

Sonne Skorpion – Aszendent Krebs: Sensibel und vorsichtig, gibt man sich zurückhaltend, immer bedacht, das eigene Gefühlsleben zu schützen. Gefühl und Verstand lassen sich hier nicht trennen. Ein psychologisches Geschick ist gegeben.

Sonne Skorpion – Aszendent Löwe: Selbstbewusst treten diese Menschen für ihre Überzeugung ein. Das Kraftpotential ist groß, ebenso der Ehrgeiz. Sie wollen sich beweisen und sind unerbittliche Gegner. Ihr Gefühlsleben ist meist explosiv.

Sonne Skorpion – Aszendent Jungfrau: Kritischer beobachtet keiner. Alles wird analysiert, sogar das eigene Verhalten. Es bestehen sehr gute intellektuelle Fähigkeiten, mit einer kämpferischen Note. Außerdem ist man pflichtbewusst und treu.

Sonne Skorpion – Aszendent Waage: Man sucht die Harmonie und bemüht sich um Gerechtigkeit. Das passt nicht immer zusammen. Diese Menschen sind gute Diplomaten und haben politisches Talent. Der Lebensgenuss ist ihnen sehr wichtig.

Sonne Skorpion – Aszendent Skorpion: Diese Menschen besitzen meist eine magische Anziehungskraft und können andere unmerklich, aber sicher beeinflussen. Das Aggressionspotential ist hoch, aber auch der Leistungswille.

Sonne Skorpion – Aszendent Schütze: Ein Individualist, der sich optimistisch für seine Aufgaben einsetzt. Man gibt sich gerne großzügig, doch kann die Eifersucht zu schaffen machen. Interesse an Philosophie ist vorhanden.

Sonne Skorpion – Aszendent Steinbock: Ehrgeizig und mit viel Ausdauer arbeitet man sich an die Spitze. Man ist zurückhaltend, aber ein glänzender Beobachter. Solide Lebensleistungen sind zu erwarten.

Sonne Skorpion – Aszendent Wassermann: Der Drang dieser Menschen zu Aktivität und Unabhängigkeit ist groß und sie sind äußerst vielseitig. Sie ordnen sich schwer ein und kämpfen um Einzigartigkeit. Gelegentlich sind sie etwas unberechenbar.

Sonne Skorpion – Aszendent Fische: Tiefe Emotionen und geheimnisvolle Dinge interessieren diese Menschen. Sie sind hintergründig und haben eine sagenhafte Intuition, neigen jedoch dazu, ihren Eingebungen zu misstrauen.

Schütze

22. November bis 21. Dezember

Charaktermerkmale

Der Schütze ist das neunte Zeichen des Tierkreises. Sein Planet ist Jupiter und sein Element das Feuer. Der lebendige und unabhängige Schütze ist der geborene Optimist. Er ist großzügig, frei und nichts irritiert ihn mehr als kleinkarierte Mitmenschen. Er braucht den Hauch der großen, weiten Welt und das Abenteuer.

Vieles wäre für ihn leichter zu ertragen, würde ihn nicht immer wieder dieser Drang nach Freiheit und Erkenntnis einholen. Auch wenn es viele Schütze-Geborene gibt, die mit der Alltagsroutine gut fertig werden, so haben sie doch alle etwas von einem Freibeuter oder einem Naturburschen an sich. Das gilt für Frauen und Männer gleichermaßen. Geistige Ansprache und intellektuelle Herausforderungen, aber auch Zeit zum Träumen brauchen sie einfach. Impulsivität und Nachdenklichkeit zugleich bilden jene eigenartige Mischung, die den Schützen und seine Philosophie ausmacht.

Seine besondere Liebe gehört der Wahrheit. Er ist ein offener Typ, der sagt, was er denkt, häufig auch ohne Rücksicht auf Verluste – so mancher Schütze verwechselt Offenheit mit Taktlosigkeit. Dahinter verbirgt sich oft die Furcht, zu viele Kompromisse machen zu müssen und die Unabhängigkeit zu verlieren.

Schütze-Geborene sind sich nicht unbedingt darüber im Klaren, dass die Wahrheit etwas sehr Kostbares ist, mit dem man vorsichtig umgehen muss. Da der Schütze nun mal so ehrlich ist, gibt er manchmal auch unbedacht Informationen weiter, die er besser für sich behalten hätte. Weil er geradezu blauäugig an das Gute glaubt, gerät er schon mal in eine verzwickte Situation.

So naiv er manchmal wirkt, so sehr ist er doch an tiefgehender Philosophie und Weisheit interessiert. Manche Schützen sind sehr religiös bzw. spirituell orientiert. Im Grunde genommen dient letztlich alles dazu, eine Form der Freiheit zu finden. Denn Freiheit, und zwar die individuelle, ist das Ideal des Schützen.

Der Schütze-Mann

Herr Schütze ist auf der Suche nach Visionen und lässt seinen Geist gern in die Ferne schweifen. Der Planet Jupiter gibt ihm so manches Mal das Gefühl, er habe unbegrenzte Möglichkeiten. „Höher, schneller, weiter" lautet seine Devise. Natürlich kann er da schon mal maßlos werden. Er glaubt eben an seine Träume und kann sich auch noch im hohen Alter an seine Kindheitswünsche erinnern.

Im privaten Bereich hat er an der Eroberung seine Freude. Für den Ehealltag ist er nicht gerade geschaffen. Er möchte, dass seinen Beziehungen der Hauch des Besonderen, ja etwas Großartiges anhaftet.

Das gilt auch für seine beruflichen Projekte. Mühselige Kleinarbeit interessiert ihn nicht, er will am liebsten international tätig sein. Leider kommt es aus diesem Grund immer wieder vor, dass er wichtige Details übersieht. Doch er lässt den Mut niemals sinken, denn er kann einfach nicht anders, als an den Erfolg zu glauben.

Die Schütze-Frau

Sie ist die Frau zum Pferdestehlen, die sportliche Kameradin, die stets gut gelaunt und voller Esprit ist. Sie liebt die Wahrheit und ist anderen gegenüber sehr offen. Manchmal fühlt sie sich durch bestimmte Situationen sogar provoziert, ihren Mitmenschen schonungslos die Meinung ins Gesicht zu schleudern – selbst wenn es sich um den Chef ihres Mannes handelt. Sie will nicht lügen, kann es auch nicht, doch ein bisschen mehr Einfühlungsvermögen wäre nicht schlecht. Andererseits kann sie andere auch herrlich motivieren, kann ihnen den Glauben an sich und an das Gute vermitteln. Sie will einfach nur keine Missstände tolerieren.

Viele Schütze-Damen sind sehr naturverbunden und tierlieb. Beispielsweise sind sie in Reitvereinen überdurchschnittlich vertreten. Doch auch in einigen Chefetagen sind die unabhängigen Schützinnen zu finden. Es gibt eine ganze Menge Unternehmerinnen in diesem Zeichen, immer bereit, ihrer Vision zu folgen.

Beruf und Karriere

Schütze-Geborene werden in ihrem Leben häufig von der Entscheidung verfolgt: Geld oder Idealismus. Sie glauben an das Gute im Menschen, aber natürlich genauso an den großen Erfolg, von dem sie sich die absolute (finanzielle) Unabhängigkeit erhoffen.

Kann man sich frei fühlen, wenn man tagtäglich das tun muss, was einem ein Vorgesetzter diktiert? Diese Frage beantworten die meisten Schützen mit Nein, weshalb es so viele Freiberufler und Selbständige unter ihnen gibt. Eine Fahr- oder Sportschule, ein Speiselokal, ein kaufmännisches Büro oder auch die Fernsehbranche können interessant für sie sein. Schützen trauen sich fast alles zu. Sie sind mutig und haben Organisationstalent. Außerdem verlieren sie nie ihren Optimismus, selbst wenn sie um fünf vor zwölf noch nicht wissen, wie sie ihren Auftrag erledigen sollen.

So mancher Schütze, der nicht selbständig arbeitet, ist als freier Handelsvertreter angestellt. Dann kann er sich seine Arbeit frei einteilen und ist sein eigener Herr. Oder er arbeitet in irgendeiner anderen Form im Außendienst, zum Beispiel als Monteur, als Repräsentant einer Reisegesellschaft im Ausland, im Kundendienst oder als Abgeordneter im Europäischen Parlament. Er findet bestimmt einen Weg, dem alltäglichen Trott zu entgehen. Er möchte einfach nicht ständig beobachtet und angeleitet werden. Er will selbst frei entscheiden.

Liebe und Partnerschaft

Der unabhängige Schütze kann unwiderstehlich wirken. Es ist der Hauch des großen Abenteuers, der ihn umgibt und so anziehend macht.

Es ist schon eine seltsame Sache mit Schütze-Geborenen: Solange sich das geliebte Objekt ziert, wünschen sie es sich sehnlichst zum Partner. Haben sie den Vogel erst einmal gefangen und es ist klar, dass eine feste Beziehung „droht“, kommen ihnen Zweifel: „War’s das etwa schon?“.

Ihr Herz verschenken Schützen nicht so schnell, obwohl sie Menschen, für die sie sich interessieren, gern Zeit, Zuneigung und vielleicht auch ihren Körper geben. Oft steht ihr Freiheitsbewusstsein im Konflikt mit ihrem Liebesleben, denn sie fühlen sich leicht eingeengt und gefangen. Die Vorstellung, immer das gleiche Gesicht am Frühstückstisch zu sehen, wirkt weniger verlockend, so sehr sie den Partner auch schätzen. Plötzlich können sie es nicht ertragen, das Leben mit all seinen Kontaktmöglichkeiten nicht voll ausschöpfen zu können. Bei vielen Schütze-Geborenen dauert die Junggesellenphase außergewöhnlich lange.

Für ihr späteres Leben sollten sie sich einen Menschen suchen, den sie wegen seines weltoffenen Geistes und seiner Toleranz schätzen können. Ein LÖWE, der wie der Schütze großzügig ist, ein feuriger WIDDER, der ihn begeistern und mitreißen kann, oder ein außergewöhnlicher WASSERMANN sind die besten Begleiter auf dem Weg zum Glück.

Freizeit und Gesundheit

Natürlich werden Schütze-Geborene ihrem Hang zu Unabhängigkeit, Freiheit und Abenteuer auch in der Freizeit nachgehen. Daher treiben sie oft und gerne Sport. Ob sie nun Squash spielen, zum Schwimmen gehen oder Mitglieder in einem Volleyball-Club sind – es bereitet ihnen Freude, ihren Körper zu bewegen. Wenn sie verreisen, werden sie darauf achten, dass in der Nähe ihres Hotels ein Swimmingpool, eine Disco, ein Tennisplatz oder ein Gewässer ist. Wahrscheinlich schwimmen sie sowieso am liebsten im Meer, denn es ist so frei und weitläufig wie sie. Mit ihren Freunden unternehmen sie gern Ausflüge. Eine ausgedehnte Wanderung oder eine Safari sind ebenfalls ganz nach ihrem Geschmack.

Viele Schütze-Geborene lieben Tiere. Das eröffnet ihnen natürlich auch eine breite Palette an Möglichkeiten zur Freizeitgestaltung.

Die anfälligen Körperpartien können Hüfte und Oberschenkel sein. Ischias, Rheuma und Sportverletzungen sind nicht selten. Deshalb sollten Schütze-Geborene sich vor jeder sportlichen Betätigung gut aufwärmen.

Die Aszendenten-Kombinationen

Sonne Schütze – Aszendent Widder: Feurig und temperamentvoll zeigt dieser Optimist, dass er an sich glaubt. Das Selbstbewusstsein ist stark ausgeprägt, ebenso die Gabe zu überzeugen und die sportlichen Interessen. Der Lebensstil ist meist abenteuerlich.

Sonne Schütze – Aszendent Stier: Weitsicht und Bodenständigkeit verbinden sich hier in idealer Weise. Die genießerische Ader ist ausgeprägt, trotzdem finden diese Menschen Zeit, etwas von bleibendem Wert zu erschaffen. Ihre Ratschläge sind gut umsetzbar.

Sonne Schütze – Aszendent Zwillinge: Diese Menschen sind geistig beweglich, immer interessiert an Neuigkeiten und am liebsten ständig unterwegs. Sie haben eine Begabung für Fremdsprachen und wollen ständig lernen, doch fehlt es ihnen manchmal an Durchhaltevermögen.

Sonne Schütze – Aszendent Krebs: Gefühlsintensität und Idealismus machen aus diesem Typ einen Menschenfreund. Die soziale Ader verführt ihn gelegentlich zu übermäßigem Verständnis. Das eigene Zuhause ist meist sehr gepflegt.

Sonne Schütze – Aszendent Löwe: Hier geht es besonders großzügig zu. Man liebt das Rampenlicht und möchte für seine Qualitäten, die sehr vielseitig sein können, bewundert werden. Es sind gute unternehmerische Fähigkeiten gegeben.

Sonne Schütze – Aszendent Jungfrau: Hier findet man großes Interesse an Geisteswissenschaften und Philosophie. Die unter dieser Konstellation Geborenen stellen hohe Ansprüche an das geistige Niveau, bleiben aber trotzdem verständnisvoll.

Sonne Schütze – Aszendent Waage: Ihre Lebensfreude und ihr liebenswerter Charme bringt diesen Menschen viele Freunde. Sie sind ebenso idealistisch wie künstlerisch begabt und brauchen ein harmonisches und kreatives Umfeld.

Sonne Schütze – Aszendent Skorpion: Ein tiefgründiger und philosophischer Mensch, der dem Sinn des Lebens auf die Spur kommen möchte. Das Gefühlsleben ist impulsiv und unruhig. Man ist jedoch schnell versöhnlich.

Sonne Schütze – Aszendent Schütze: Sportlich und voller Elan packt dieser Mensch das Leben an. Optimismus und Großmut verstehen sich bei ihm von selbst, ebenso das Interesse an Lebensphilosophie. Rückzug und Abwechslung müssen beide möglich sein.

Sonne Schütze – Aszendent Steinbock: Die innere Blickrichtung ist auf eine gute Lebensstellung, die eigenen Wünsche und auf die persönliche Geltung gerichtet. Eine konservative und bodenständige Note ist vorhanden.

Sonne Schütze – Aszendent Wassermann: Kaum einer ist so freiheitsliebend und auf seine Unabhängigkeit bedacht wie dieser Typ. Er mag es unkonventionell und provoziert schon mal seine Mitmenschen. Risiko wird ihm zum Lebenselixier.

Sonne Schütze – Aszendent Fische: Sensibilität und der Wunsch nach tiefer Erkenntnis zeichnen diesen Charakter aus. Eine hohe Gesinnung, Phantasie und Visionen heben ihn vom Durchschnitt ab. Er braucht gefühlvolle Wegbegleiter.

Steinbock

22. Dezember bis 19. Januar

Charaktermerkmale

Der Steinbock ist das zehnte Zeichen des Tierkreises. Sein Planet ist Saturn und sein Element die Erde. So wie sein tierischer Artgenosse, macht sich der Steinbock sicher und ohne zu straucheln auf den Weg nach oben. Jeder seiner Sprünge ist überlegt und ohne Furcht. Er peilt den Gipfel an und kann dank seiner Ausdauer Höhen erklimmen, die sonst keiner so leicht erreicht. Es ist allerdings manchmal auch etwas einsam dort oben.

Der Steinbock will etwas leisten. Und da er sehr bald merkt, dass ihm nichts in den Schoß fällt, trainiert er sich für den Lebenskampf auf seine Art. Er ist kein Stürmer, sondern bahnt sich bedächtig, Schritt für Schritt seinen Weg. Kein Aufstieg wird ihm zu steil sein. Er lässt sich dabei Zeit, denn er ist ausdauernd und zäh. Genau aus diesem Grund machen die meisten Steinböcke erstaunliche Karrieren. Effekthascherei und kurzlebige Trends interessieren sie nicht. Sie wollen ihr Leben auf einem soliden Fundament aufbauen und schätzen Qualität, die zeitlos ist. So kaufen sie gern teure Dinge, die keiner Mode oder zu großem Verschleiß unterliegen. Ihr Stil ist klassisch, mit einer kühlen Note.

Da sie sehr pflichtbewusst sind, können sie sich erst entspannen, wenn ihr Tagespensum wirklich erfüllt ist. Doch häufig nehmen sie sich so viel vor, dass es gar nicht zu diesem Punkt kommt. Oft erst in der zweiten Lebenshälfte finden Steinböcke ein wenig Zeit, sich auf ihren Lorbeeren auszuruhen. Erst wenn sie die Sicherheit im Hintergrund wissen, können sie sich gelassen und menschenfreundlich zeigen.

Steinbock-Geborene sind keine Freunde von lauten Partys und ausgelassenen Veranstaltungen. Sie legen ihre ernsthafte Note nie ganz ab. Man kann mit ihnen tiefsinnige Gespräche führen und sie werden dabei nie ausschweifend und bleiben immer auf dem Boden der Tatsachen. Sie sind eben ausgesprochene Realisten.

Die Art des Steinbocks, sich vom Getümmel der Menge fernzuhalten, wird von anderen oft als Schüchternheit erlebt. Steinböcke sollten daher lernen, offen über ihre Vorstellungen zu sprechen. Nicht selten gibt es aufgrund ihrer zurückhaltenden Art Missverständnisse.

Der Steinbock-Mann

Dieser Mann orientiert sich nur an Tatsachen. Seine Träume liegen für ihn meist in erreichbarer Nähe, auch wenn sie harte Arbeit erfordern. Luftschlösser sollen die anderen bauen. Schon früh macht er sich daran, sein praktisches Geschick unter Beweis zu stellen. Ob er nun einen handwerklichen Beruf ergreift, in seinem Hobbykeller bastelt oder einfach gern durch Heimwerkermärkte streift – er braucht immer wieder das Gefühl, dass greifbare Dinge vor seinem Auge erstehen. Er kann zwar abstrakt denken, doch das Praktische liegt ihm einfach im Blut.

Der Steinbock-Mann kann gut allein sein. Er braucht die Einsamkeit sogar, um innerlich mit sich ins Reine zu kommen. Viele Steinbock-Männer binden sich daher erst spät, denn im Grunde ihres Herzens sind sie echte Einzelgänger.

Die Steinbock-Frau

Die Steinbock-Frau verlässt sich nur auf das, was sie sieht. Sie gibt sich keinen Illusionen hin und schöne Worte werden sie nur selten beeindrucken. Ihre Aufmerksamkeit richtet sie lieber auf die realen und praktischen Dinge. Sie will nicht auf ihr Glück oder auf den Zufall hoffen. Als Erdzeichen spielen für sie feste Werte, Geld und Besitz eine große Rolle. Sie weiß genau, was sie sich leisten kann, und hält ihre Ersparnisse zusammen.

Steinbock-Frauen können recht herb und unnahbar wirken. Erst wenn sie eine sichere Stellung in der Gesellschaft erreicht haben, werden sie ruhiger und zufriedener. Oft nimmt ihre Schönheit mit wachsendem Alter zu. Meist sind sie mit 40 oder 45 Jahren attraktiver als mit 20. Sie strahlen dann eine Weisheit aus, die ihren ganz eigenen Zauber hat, und strafen mit ihrem Aussehen jene Lügen, die behaupten, Schönheit sei ein Privileg der Jugend. Es sind die zunehmende Sicherheit und Geborgenheit, die sie gütiger und sanfter machen.

Beruf und Karriere

Die zurückhaltenden Steinbock-Geborenen sind erstaunlich ehrgeizig. Wenn sie einmal ein Ziel ins Auge gefasst haben, dann ruhen sie so lange nicht, bis sie dieses erreicht haben. Mit mittelmäßigen Ergebnissen geben sie sich nicht zufrieden. Doch sie lassen sich nicht drängen und nehmen sich für ihre Karriere Zeit. Solide und vertrauenswürdig wollen sie erscheinen und da gehört es sich einfach nicht, hektisch oder unberechenbar zu sein. Ohne großen Aufwand stoßen sie zum Kern einer Sache vor und strahlen auch ohne viele Worte Kompetenz aus.

Ihr ausgeprägtes Qualitätsbewusstsein zeigt sich auch bei der Arbeit. Gründlich und mit viel Disziplin machen sie sich auf ihrem Gebiet einen Namen und entwickeln ihren persönlichen Stil.

Man schätzt den Steinbock meist ungemein, denn er ist zuverlässig, fleißig und gewissenhaft, außerdem ist er zielstrebig und man kann ihm vertrauen. Nur Phantasie und Herzlichkeit bleiben bei ihm gelegentlich auf der Strecke.

Man findet hier den trockenen Prokuristen, den gewissenhaften Verwalter, den ernsten Anwalt, den verlässlichen Abteilungsleiter, den Ingenieur und den Mechaniker. Der Steinbock liebt seine Arbeit und würde sich ohne sinnvolle Aufgabe völlig überflüssig fühlen.

Er hat den langen Atem, um für den Erwerb von Grundbesitz Kapital anzusammeln. Hierfür bringt er Mühe und Ausdauer auf und erduldet sogar Entbehrungen, die sich jedoch langfristig meist lohnen.

Liebe und Partnerschaft

Der Begriff Spätzünder trifft auf viele Steinbock-Geborene zu. Sie kommen in ihrer Jugend nur langsam auf Touren, sind aber noch in einem Alter aktiv, in dem die anderen schon lange nicht mehr an die schönste Nebensache der Welt denken.

Steinböcke sind natürlich an festen Beziehungen interessiert. Sie brauchen einfach Verlässlichkeit und Sicherheit. Natürlich können auch sie in ihrer Jugend Sturm-und-Drang-Phasen erleben, aber selbst dann denken sie schon daran, sich später einmal zu binden. Die Ehe kann sie warmherziger und menschlicher machen, denn in ihren Singlejahren sind sie oft noch nüchtern und erfolgsorientiert.

Mit dem steinbocktypischen Pessimismus muss ein Partner umzugehen wissen. Deshalb empfiehlt sich ein fröhlicher und optimistischer Mensch als Gefährte, der die finsteren Gedanken des Steinbocks schnell vertreiben kann. Da ist ein WIDDER eine gute Wahl. Er wird die Leistungen des Steinbocks anerkennen und ihm gleichzeitig auf draufgängerische Weise zur Seite stehen. Auch die charmante WAAGE kann etwas mehr Leichtigkeit und Freude in das Leben des Steinbocks bringen. Ein nahezu idealer Partner ist der STIER, mit dem man sich gemeinsam für Anerkennung und materielle Sicherheit einsetzen kann. Treue ist zwischen diesen Partnern eine Selbstverständlichkeit.

Freizeit und Gesundheit

Nun ist der Steinbock ein Arbeitstier und kann sich nur schwer entspannen. Daher versucht er seine freie Zeit so sinnvoll wie möglich zu gestalten. Zum Beispiel indem er sich stundenlang in den gut bestückten Hobbyraum zurückzieht, um dort zu basteln und zu tüfteln, oder indem er etwas im Haus repariert.

Viele Steinbock-Geborene haben eine Schwäche für klassische Musik, denn darin finden sie auch ihr eigenes ernsthaftes Lebensgefühl wieder. Und natürlich besuchen sie auch gerne ein Konzert oder die Oper. Was auch immer sie tun, sie mögen es gediegen. „Ausflippen" können die anderen. Wenn sie zum Essen ausgehen, dann auf jeden Fall in ein Lokal, dessen Qualität und Service sie bereits für gut befunden haben. Es geht eben nichts über das Bewährte!

Große Gesellschaften und ausgelassene Partys meiden sie lieber. Ihr Freundeskreis ist eher klein, dafür aber ausgesucht, denn schnelle Vertraulichkeiten mit anderen Menschen lehnen sie ab. Da sie gerne für sich sind, zieht es sie für sportliche Betätigungen häufig in die Einsamkeit der Berge. Vom Bergwandern und Bergsteigen bis zum Geländefahren mit dem Mountainbike reicht die Palette.

Häufig kann man übrigens beobachten, dass Steinbock-Geborene die Ernsthaftigkeit ihrer jungen Jahre mit zunehmendem Alter ablegen und dann eine fast schon kindliche Frische entwickeln.

Gesundheitlich ist der Steinbock in der Regel äußerst stabil. Saturn verleiht ihm viel Zähigkeit und Ausdauer. Gesundheitliche Krisen überstehen diese Menschen meist gut und werden dadurch noch kräftiger.

Die Aszendenten-Kombinationen

Sonne Steinbock – Aszendent Widder: Ehrgeiz und Kraft geben hier den Ton an. Methodisch und voller Energie strebt man persönliche Ziele an und setzt auf Karriere. Herzensdinge müssen allerdings zurückstehen, wenn eine wichtige Aufgabe ruft.

Sonne Steinbock – Aszendent Stier: Sehr solide und erdverbunden geht dieser Realist vor. Er setzt auf materielle Werte und Beständigkeit. Phantasie und Träume sind nichts für ihn. Höchstens der Traum vom prallen Sparbuch.

Sonne Steinbock – Aszendent Zwillinge: Gute praktische und handwerkliche Fähigkeiten verbinden sich hier mit einem humorvollen Geist. Stärken sind außerdem Tiefgang und Methodik. Eine starke Nervosität kann zu schaffen machen.

Sonne Steinbock – Aszendent Krebs: Eine praktische und realistische Einstellung kombiniert sich hier mit einem gefühlvollen Persönlichkeitskern. Die Gegensätze Leistungsorientierung und Menschlichkeit treffen hier aufeinander.

Sonne Steinbock – Aszendent Löwe: Stark und kraftvoll gibt sich dieser Typ, der vor allem an seiner Karriere interessiert ist. Er hat auch gute Aufstiegschancen. Er ist zäh und zuverlässig, zeigt aber auch gelegentliche Anflüge von Arroganz.

Sonne Steinbock – Aszendent Jungfrau: Pflichtbewusst und zuverlässig gestalten diese Menschen ihr Leben. Die geordnete Sicherheit dominiert. Sie sind zurückhaltend und es fällt ihnen oft schwer, die schönen Dinge des Lebens zu genießen.

Sonne Steinbock – Aszendent Waage: Dieser Mensch hält sich dezent zurück, doch pflegt er selbstbewusst seinen individuellen Stil. Eine praktische Begabung gepaart mit Kreativität eröffnet ihm viele Möglichkeiten. Es ist ein starker Gerechtigkeitssinn vorhanden.

Sonne Steinbock – Aszendent Skorpion: Ein Typ mit Prinzipien und starkem Charakter, der immer bereit ist, seine Ansichten zu verteidigen. Eigenwillig verfolgt er seine Pläne, wirkt aber trotzdem zurückhaltend. Er hat intensive Emotionen.

Sonne Steinbock – Aszendent Schütze: Eine günstige Verbindung zwischen Lebensernst und Optimismus. Man plant weitsichtig, bleibt dabei aber gelassen. Die Ziele sind anspruchsvoll. Außerdem finden sich unter den mit dieser Konstellation Geborenen tiefe Denker.

Sonne Steinbock – Aszendent Steinbock: Ruhig und beständig, ohne Allüren packt dieser praktische Typ sein Leben an. Er ist ebenso realistisch wie nüchtern und außerdem sparsam (manchmal auch geizig), um seine Sicherheit zu wahren.

Sonne Steinbock – Aszendent Wassermann: Hier vereinen sich Innovation und Tradition effektiv. Man hat moderne Ansichten und ist trotzdem solide. Kühl und reserviert zeigt man sich seiner Umwelt. Gute analytische Talente sind vorhanden.

Sonne Steinbock – Aszendent Fische: Hier verbinden sich Wesenstiefe, Ausdauer und Zähigkeit mit einem reichhaltigen Gefühlsleben. Diese Menschen gewinnen schnell das Vertrauen anderer und haben eine soziale Ader.

Wassermann

20. Januar bis 19. Februar

Charaktermerkmale

Der Wassermann ist das elfte Zeichen des Tierkreises. Seine Planeten sind Saturn und Uranus, sein Element ist die Luft. Der Wassermann ist ein origineller Zeitgenosse. Alles, was außergewöhnlich und manchmal auch etwas skurril ist, zieht ihn an. Schwer einzuschätzen ist er, zuweilen sogar unberechenbar, aber niemals langweilig! Legendär ist seine Liebe zur Unabhängigkeit. Er akzeptiert auch so manchen Umweg, wenn er dafür die Klippen der konservativen Gesellschaftsordnung umschiffen kann. Eine große Stärke sind die vielen Ideen, die er tagtäglich hat. Doch es mangelt ihm gelegentlich am Durchhaltevermögen. Schon deswegen, weil er einfach nicht die Zeit hat, alle Gedankenblitze in die Tat umzusetzen.

Außerdem ist der Wassermann seiner Zeit voraus. Er ist fasziniert von der Moderne und von Reformen, die die Gesellschaft verbessern. Oft blickt er so weit nach vorn, dass er Dinge entdeckt, für die seine Mitmenschen noch nicht reif sind. Die kommen dann nicht mit und halten ihn schon mal für ein bisschen verrückt.

Er wird oft von sonderbaren Plänen und Wünschen geleitet. Ebenso ungewöhnlich und bunt ist sein Bekanntenkreis. Hier tummelt sich alles, was originell ist. Künstler, Paradiesvögel, Wissenschaftler, aber auch einfache Menschen, die eine individuelle Note haben.

Eine besonders sympathische Eigenschaft des Wassermanns ist seine Kameradschaftlichkeit. Er ist hilfsbereit und für seine Freunde allzeit da. Weil er meist Gott und die Welt kennt, kann es schon passieren, dass er von einer Mission zur anderen unterwegs ist und sich dabei verzettelt. Leider vergisst er darüber so manche seiner großartigen Ideen, die er unbedingt umsetzen wollte.

Der Wassermann-Mann

Dieser moderne Mann blickt in die Zukunft und möchte die Umstände gerne verbessern. Er ist dabei nicht unrealistisch. Meist hat er einen Plan parat, wie man noch fortschrittlicher und doch menschlich das eine oder andere auf dieser Welt perfektionieren könnte. Weil er wahrscheinlich noch mehr Pläne in der Schublade hat, realisiert er jedoch vieles nicht. Ständig hat er neue Geistesblitze und Eingebungen, weshalb dann die Ideen von gestern auch schnell überholt bzw. einfach vergessen sind. Trotzdem werden ihn seine Mitmenschen für den offensten und den am besten informierten Mann weit und breit halten. Außerdem hat er noch die gute Eigenschaft, dass er keine Klassenunterschiede kennt. Er behandelt den Millionär genauso wie seinen Hausmeister, freundlich und unverbindlich.

Er ist ein guter Gesellschafter, der mit intelligenten Witzen und kleinen Zaubertricks die Leute für sich einnehmen kann. Im Lauf seines Lebens wird er eine Menge Freunde und Bekannte kennen lernen. Dabei wahrt er innerlich Abstand, denn eines ist ihm doch so wichtig: seine Unabhängigkeit.

Die Wassermann-Frau

Diese Frau hat ihre eigene faszinierende Note. Das Wort apart beschreibt sie sicher am besten. Ihr Stil ist originell, so dass sie sich ganz sicher von ihren Geschlechtsgenossinnen abhebt. Vielleicht trägt sie ihr Haar wie keine andere oder es ist ganz einfach ihr unverwechselbares Lachen, das sie so besonders macht.

Einige Wassermann-Damen haben einfach den Dreh heraus, mit ein wenig Fingerfertigkeit und Ideenreichtum ihre Garderobe ohne viel Aufwand immer modisch erscheinen zu lassen.

Sie bringen frischen Wind in abgestandene Angelegenheiten und schneiden alte Zöpfe kurzerhand ab. Es mangelt ihnen niemals an Ideen. Sie packen ihre Geschenke wie niemand sonst ein und überraschen ihre Gäste mit einer besonders pfiffigen Tischdekoration.

Ihre Freiheit schätzen sie sehr und so werden sie sich einen Partner wählen, der ihnen ihre eigene Welt zugesteht. Karriere machen sie auch gern, zwar weniger aus Ehrgeiz als aus Freude an abwechslungsreichen Herausforderungen.

Beruf und Karriere

Mancher Wassermann erweckt den Eindruck, als könnte er keine Ordnung in sein Berufsleben bringen. Tatsächlich gibt es einige, die ihr Leben lang von der uranischen Unruhe geplagt sind. Doch hat der Wassermann einmal seine große Stärke entdeckt – nämlich den anderen immer ein gutes Stück voraus zu sein und Trends zu riechen –, dann kann er erfolgreicher als alle anderen sein. Diese Stärke kann er besonders in Sachen Mode, Börsentrends, Werbung, Kunst und in der Wissenschaft einsetzen.

Vielleicht wählt er auch einen Beruf aus dem Bereich Elektronik und ist in der Fernseh- oder Computerbranche tätig. Auch die Forschung für den Fortschritt zum Wohle der Menschheit kann es ihm angetan haben. Er kann ein weitblickender Philosoph sein und trotzdem den ganzen Tag an etwas Praktischem arbeiten. Wassermänner sind experimentierfreudig und sie verspüren den Wunsch, etwas Außergewöhnliches zu tun, wo sie vielleicht bahnbrechend wirken.

Bei den Finanzen müssen sie allerdings ihre Risikofreudigkeit in Grenzen halten und ihren Leichtsinn bändigen, aufgrund dessen sie zu schnell Geld für fixe Ideen ausgeben. Weil Überraschungen bei Wassermännern an der Tagesordnung sind, heißt es nicht selten: wie gewonnen, so zerronnen.

Liebe und Partnerschaft

Wer einen Wassermann liebt, muss ihm eine lange Leine lassen. Denn die braucht er, um all seine Hobbys und Freundschaften zu pflegen. Schließlich lebt er nicht nur für die Liebe.

Natürlich kann auch das Liebesleben eines Wassermannes ziemlich turbulent verlaufen. Er ist fasziniert von exotischen und schillernden Persönlichkeiten. Was andere vielleicht als einen schrägen Vogel bezeichnen würden, findet er absolut hinreißend. Aber auch Beziehungen unter ungewöhnlichen Umständen sind seine Spezialität. Er schätzt eben das Besondere. Wer in einen Wassermann verliebt ist, sollte immer daran denken, dass dieser die Abwechslung und vor allem die Überraschung liebt. Nun braucht man nicht jeden Abend ein Feuerwerk zu veranstalten oder sich eine ulkige Verkleidung auszudenken, aber Monotonie sollte man um jeden Preis vermeiden. Eine Partnerschaft mit kameradschaftlicher Note und geistigem Austausch wird auf Dauer am besten funktionieren.

Mit dem ZWILLING verbindet den Wassermann die Liebe zur Abwechslung, ein WAAGE-Partner kann ihm Ruhe ohne Langeweile vermitteln, doch die ideale Ergänzung ist sicherlich der abenteuerliche SCHÜTZE, denn der schätzt ebenfalls Freiheit und Nähe zugleich.

Freizeit und Gesundheit

Spannung und Exotik sind die Themen, die in der Freizeit des Wassermanns die größte Rolle spielen. Warum also nicht auf Entdeckungstour ins Amazonasgebiet reisen? Tatsächlich haben Wassermänner ein Faible für außergewöhnliche Fernreisen. Fremde Kulturen, andersartige Landschaften und Menschen üben eine große Anziehung auf sie aus. Nicht selten schließen sie unterwegs auch Freundschaften und dabei spielt es für sie keine Rolle, ob es sich um einen Stammeshäuptling aus Afrika oder den Kofferträger vom Hotel in Hongkong handelt. Bunt geht es bei ihnen zu, sie möchten alle Facetten des Lebens kennen lernen, und das natürlich besonders auf Reisen.

Vielleicht hört der Wassermann in seiner Freizeit manchmal auch einfach nur gerne Musik. Von der Klassik bis hin zur neuesten Techno-CD befindet sich alles in seinem Schrank.

Sportliche Betätigungen sind bei ihm ebenfalls gefragt, doch müssen sie etwas Spielerisches haben und die Möglichkeit zu Kontakten bieten. Da gesundheitliche Schwachpunkte die Kniegelenke und der Kreislauf sind, sollte die Sportart entsprechende Belastungen ausschließen.

Die Aszendenten-Kombinationen

Sonne Wassermann – Aszendent Widder: Lebendig, agil und spritzig, führt dieser Typ ein Leben voller Abwechslung. Er braucht geistige Anregungen, sprüht vor Energie und Temperament. Manchmal macht sich jedoch große Hektik breit.

Sonne Wassermann – Aszendent Stier: Eine sehr künstlerische und kreative Persönlichkeit, mit einem Hang zu allem Außergewöhnlichen. Sie wünscht sich Sicherheit, will aber gleichzeitig unabhängig bleiben, woraus sich ein gewisser Konflikt ergibt.

Sonne Wassermann – Aszendent Zwillinge: Fröhlich und fast schon ausgelassen, will dieser Typ von einer Herausforderung zur nächsten eilen. Seine geistige Beweglichkeit ist enorm, aber auch die Unberechenbarkeit.

Sonne Wassermann – Aszendent Krebs: Gefühlvoll und menschlich, ist man mit dieser Konstellation ein ausgezeichneter Kamerad. Der innere Kern ist jedoch etwas exzentrisch und bewirkt oft ein unruhiges Privatleben. Es besteht ein großer Ideenreichtum.

Sonne Wassermann – Aszendent Löwe: Dieser Mensch ist alles andere als Durchschnitt. Er gibt sich gerne ein schillerndes, aber kultiviertes Image und vertritt auch die ungewöhnlichsten Ideen selbstbewusst.

Sonne Wassermann – Aszendent Jungfrau: Geniale Ideen treffen hier auf praktisches Geschick. Außerdem sind gute geistige Fähigkeiten vorhanden und man ist flexibel.

Sonne Wassermann – Aszendent Waage: Ein origineller Typ, der beweglich, kreativ und charmant ist. Der Bekanntenkreis ist meist sehr groß, denn man braucht den geistigen Austausch auf möglichst unterschiedlichen Ebenen.

Sonne Wassermann – Aszendent Skorpion: Hier verbinden sich Intelligenz und Vielseitigkeit mit ausgesprochener Menschenkenntnis. Im Auftreten sind diese Persönlichkeiten kühl und kritisch. Gelegentlich neigen sie zu radikalen Ansichten und zu Ungeduld.

Sonne Wassermann – Aszendent Schütze: Diese Menschen lassen sich gern vom Ruf der Freiheit und des Abenteuers in die große weite Welt locken. In Gesellschaften sind sie sehr beliebt, doch besteht bei ihnen eine Neigung zu Oberflächlichkeit.

Sonne Wassermann – Aszendent Steinbock: Konzentration und Disziplin ermöglichen es diesen Individualisten, ein unabhängiges Leben zu führen. Es ist eine einzigartige Fähigkeit gegeben, Neues und Altes miteinander zu verbinden.

Sonne Wassermann – Aszendent Wassermann: Die aus dem Rahmen fallende Persönlichkeitsstruktur ist einmalig. Einfallsreichtum und Originalität dominieren. Diese Menschen sind ihrer Zeit voraus und erscheinen anderen daher oft skurril.

Sonne Wassermann – Aszendent Fische: Diese Verbindung bringt sehr talentierte Menschen mit weitläufigen geistigen und künstlerischen Interessen hervor. Die Vielseitigkeit ist jedoch so groß, dass eine gewisse Unruhe entstehen kann.

Fische

20. Februar bis 20. März

Charaktermerkmale

Die Fische sind das zwölfte Zeichen des Tierkreises. Ihre Planeten sind Jupiter und Neptun und ihr Element ist das Wasser. Es ist nur zu wahr, dass Fische schwer zu packen sind. Wer auch immer versucht hat, sie wirklich zu verstehen, kann ein Lied davon singen. Dabei nutzen sie den Trick mit dem Abtauchen nur aus Selbstschutz, denn sie sind sensibel und verletzbar. Doch Intuition und Inspiration helfen ihnen, rechtzeitig Chancen, aber auch Gefahren zu wittern.

Fische-Geborene sind alles andere als gnadenlose Kämpfer und sie scheuen offene Auseinandersetzungen so gut es nur geht, selbst wenn diese völlig harmlos sind.

Auf ihre Phantasie und vor allem auf ihre Eingebungen können sie sich verlassen. Wenn sie etwas „in der Nase" haben, dann liegen sie meist richtig. Ihr Sinn gilt eher den leisen Tönen zwischen den Zeilen als großen Worten. Fische-Menschen treten eher bescheiden auf, Großspurigkeit überlassen sie anderen. Sie haben Einfühlungsvermögen, Verständnis und ein Herz für andere, vor allem für die, die hilfsbedürftig sind. So manches Mal wird ihre Gutmütigkeit jedoch von selbstsüchtigen Menschen ausgenützt. Daher werden einige Fische-Geborene sehr mißtrauisch und lassen nicht viel von ihren echten Gefühlen nach draußen.

Sie sind sensitive Zeitgenossen, die es verstehen, etwas auszudrücken, auch ohne viel zu sagen. Ihre Scheu, der nackten Wahrheit ins Gesicht zu sehen, lässt ihre Phantasie gedeihen. Ja, manchmal leben sie völlig in ihrer Traumwelt, bis sie der Alltag wieder einholt.

Gelegentlich neigen sie dazu, sich treiben zu lassen. Niemand bedarf mehr der Selbstdisziplin als Fische-Geborene, um nicht haltlos zu werden.

Das Wasser, ihr Element, hat keine Balken. Lassen sie sich gehen, dann sinken sie in ein Meer von eigenartigen Zuständen. Neptun verführt sie dazu, die Dinge des Lebens nicht immer realistisch zu betrachten.

Der Fische-Mann

Man kann ihn nicht halten und noch weniger analysieren. Sein sensibles Selbstgefühl hat es einfach nicht gern, entdeckt und aufgeschlüsselt zu werden. So verbirgt er sich gern hinter einem nebulösen Schleier von viel- oder auch nichtssagenden Phrasen.

Seine Phantasie ist groß, doch geradezu beeindruckend ist seine Intuition. Er glaubt an das Schicksal und an die Vorsehung. Träume und Illusionen sind Begriffe, die ihm sehr vertraut sind.

Erleidet er in seinem Leben einen Rückschlag, so wartet er, bis sich wieder ein Lichtschimmer am Horizont auftut. Er braucht einen Anstoß von außen und nur selten glaubt er, dass er seinen Erfolg den eigenen Anstrengungen zu verdanken hat. Dabei kann er doch ein so kreativer Kopf sein, der sich im Übrigen auch durch Einfühlungsvermögen auszeichnet. Nicht zu unterschätzen ist außerdem seine spirituelle Seite.

Die Fische-Frau

Was für eine bezaubernde Träumerin! Manchmal wirkt sie, als wäre sie einem Märchenbuch entstiegen. Die Schönheit der Fische-Frau ist häufig zart und elfenhaft und fast ein wenig ätherisch.

Tränen und Lachen liegen bei ihr nahe beieinander, denn sie ist sehr gefühlvoll und reagiert schnell auf äußere Einflüsse. Manchmal ist sie auch ein wenig überempfindlich und sehnt sich dann nach der starken Schulter, an der sie sich ausweinen kann.

Fische-Frauen finden durch ihre weibliche und manchmal auch etwas kindliche Art immer einen Beschützer, der sich um das scheinbar verlorene Wesen kümmert. Dabei können sie durchaus stark und unabhängig sein. Haben sie eine Aufgabe, die ihre Phantasie und ihre Kreativität fördert, dann können sie daraus auch immer wieder neue Kräfte ziehen.

Die Welt der Träume ist für Fische-Frauen besonders wichtig. Hier können sie sich dem grauen Alltag entziehen und in ihr persönliches Reich abtauchen, das ihnen ganz allein gehört.

Beruf und Karriere

Natürlich träumen Fische-Geborene auch vom großen Erfolg, doch sie brauchen ihre Zeit, bis sie wirklich an sich glauben. Die Sensibelchen unter ihnen eignen sich nicht gerade für die Reklamationsabteilung, sondern fühlen sich wohler beispielsweise in der Personalabteilung einer Firma. Sie können sich verständnisvoll auf ihr Gegenüber einstellen und ihren Mitmenschen helfen.

Generell ist es für Fische-Geborene nicht leicht, sich beruflich festzulegen. Sie wissen manchmal einfach nicht, was sie wollen. Sie schwanken zwischen den unterschiedlichsten Berufsbildern hin und her, um dann doch etwas ganz anderes zu machen.

Eine große Stärke ist ihre soziale Ader, die sie in jeglicher Art von Fürsorgetätigkeit einsetzen können. Hervorragend eignen sie sich für Heilberufe. Aber auch Fotografie, Schauspiel und Kunsthandel liegen ihnen. Außerdem fühlen sie sich in Berufen wohl, die etwas mit Esoterik zu tun haben. Fische-Geborene müssen Freiraum für ihre Phantasie und ihre Eingebungen haben.

Ob sie nun ein gefährlicher Geschäftshai oder ein munteres Goldfischchen sind, ist eigentlich ganz egal. Ihre Intuition wird sie bei jeder Tätigkeit nie im Stich lassen.

Trotzdem ist Intuition allein nicht unbedingt ausreichend, um den Kontostand in Ordnung zu halten. Fische haben zwar einen guten Riecher für lohnenswerte Geschäfte, doch sie sollten sich auch um die richtigen Informationen bemühen. Und wenn sie eine Idee haben, dann sollten sie dieser nachgehen.

Liebe und Partnerschaft

Hoppla, wer wird denn da versuchen, die Angel nach einem Fisch auszuwerfen? Der Drang zur Unverbindlichkeit kann bei Fische-Menschen schon notorisch werden. Sie verstehen es, sich geheimnisvoll zu geben und ihre Partner lange im Unklaren zu lassen. Sind sie nun verliebt oder nicht? Manchmal wissen sie es selbst nicht so genau. Doch wenn es sie einmal so richtig erwischt, dann können sie so romantisch und liebevoll sein wie kaum jemand sonst. Zwar haben Fische immer wieder mit ihrer Schüchternheit zu kämpfen, denn große Eroberer sind sie nicht, aber mit Fingerspitzengefühl kommen sie schließlich doch an ihr Ziel.

Neptun macht es ihnen nicht immer einfach, ihre diffusen Stimmungen in Worte zu fassen. Sie brauchen einfach Zeit und dürfen vor allem keine Angst davor haben, mit dem Partner über ihre seelischen Belange zu sprechen. Schon Goethe wusste, wie wichtig es in einer Partnerschaft ist, immer wieder miteinander zu reden. Und auch das Aufeinander-Zugehen hilft ungemein, wenn längerfristige Krisen ausgeschlossen werden sollen.

Wer sie auf Dauer glücklich machen möchte, muss das mit viel Sensibilität und von innerer Weisheit geleitet tun. Nur zu oft begeben sich die empfindsamen Fische selbst in gefährliche Gewässer. Ja, sie fühlen sich magisch von dynamischen und selbstbewussten Menschen angezogen. Sie geraten nicht selten in das Netz eines feurigen WIDDERS oder auch einer spröden JUNGFRAU. Aber diese Erfahrungen brauchen sie wohl, um schließlich doch noch mit einem beständigen STIER oder einem feinfühligen KREBS glücklich zu werden.

Freizeit und Gesundheit

Die wenigsten Fische-Geborenen sind Frühaufsteher. Und folgerichtig geben sie nicht selten als eine ihrer Lieblingsbeschäftigungen in der Freizeit das Schlafen an. Sie brauchen eben viel Entspannung und Ruhe. Eine Nacht nach der anderen durchmachen kostet schließlich Kraft. Außerdem muss auch genügend Zeit fürs Träumen vorhanden sein. Ein wenig wechselhaft kann ihre Freizeitgestaltung schon sein, denn viel hängt bei ihnen von der inneren Verfassung und Stimmung ab.

Wer nun glaubt, Fische-Menschen wären immer nur schlapp und müde, der irrt sich. Es gibt sogar eine ganze Menge sportlicher Fische, die sich gerne in der Natur bewegen, nur sind sie eben selten Renn-Asse oder Extremsportler. Sie brauchen ihre Anlaufzeit.

Nachdem viele Fische-Geborene im Laufe ihres Lebens lernen, mit ihrer inneren Stimme umzugehen, können sie ganz gut abschätzen, was ihnen gut tut und was nicht. Sich pflegen und pflegen lassen, könnte ihr Motto sein. Da sie jedoch immer Nahrung für ihre rege Phantasie brauchen, gehen viele Fische gerne auf Reisen und fotografieren oder filmen dann dabei, um zu Hause beim Betrachten der Bilder wieder in ihren Erinnerungen schwelgen zu können.

Die körperlichen Schwachstellen der Fische-Geborenen sind die Füße und der Kreislauf.

Die Aszendenten-Kombinationen

Sonne Fische – Aszendent Widder: Diese scheinbar so friedliebende Persönlichkeit kann durch ihre Aktivität überraschen. Sie wählt ihre Zielsetzungen mit viel Phantasie. Das Gefühlsleben ist mitunter recht impulsiv.

Sonne Fische – Aszendent Stier: Eine sehr musische und schöngeistige Kombination. Künstlerisch begabt, dem Lebensgenuß sehr zugetan, ohne die Bodenhaftung zu verlieren. Liebe und Romantik spielen hier eine große Rolle.

Sonne Fische – Aszendent Zwillinge: Die Beweglichkeit dieser Menschen ist enorm. Sie schlüpfen den anderen immer wieder davon, denn sie können sich so schlecht festlegen. Trotzdem haben sie eine gute kaufmännische Begabung.

Sonne Fische – Aszendent Krebs: Diese Menschen voller Gefühl und Sensibilität sind immer für Schwache und Hilfsbedürftige da. Doch dabei kommen sie selbst ein wenig zu kurz, denn sie sind einfach zu gutmütig.

Sonne Fische – Aszendent Löwe: Großzügige Menschlichkeit und Selbstvertrauen schaffen bei dieser Kombination einen starken, sehr sympathischen Typ. Er hat Verständnis für die Schwächen anderer und bleibt selbst souverän und stark.

Sonne Fische – Aszendent Jungfrau: Hier verbinden sich Intuition und Verstand auf sehr positive Weise. Die geistigen Qualitäten sind groß. Eine gesicherte Lebensstellung spielt keine unwesentliche Rolle.

Sonne Fische – Aszendent Waage: Kultur und ein gehobener Lebensstil ziehen diese Persönlichkeit in ihren Bann. Meist hat sie einen exquisiten Geschmack und dabei einen unbedingten Wunsch nach Harmonie. Der Kern ist weich und verletzlich.

Sonne Fische – Aszendent Skorpion: Geheimnisse und Mystik üben eine große Faszination auf diesen Typ aus. Er will hinter die Kulissen des Lebens blicken und ist meist spirituell ausgerichtet. Private Konflikte können durch Eifersucht entstehen.

Sonne Fische – Aszendent Schütze: Ein Philosoph, wie er im Buche steht! Er lebt ausschließlich in der geistigen Welt. Er leistet anderen seelischen Beistand, braucht aber auch Anerkennung dafür.

Sonne Fische – Aszendent Steinbock: Zurückhaltend und etwas misstrauisch beobachtet diese Persönlichkeit ihre Mitmenschen. Sie hat viel Phantasie, ist naturverbunden, aber auch solide und ambitioniert.

Sonne Fische – Aszendent Wassermann: Inspiration und ein hochgeistiger Intellekt schaffen einen feinnervigen Typ, der nicht immer der Realität gewachsen ist. Manchmal bestehen sogar hellseherische Talente.
Sonne Fische – Aszendent Fische: Emotionale Tiefe und eine philosophische Ausrichtung sind hier die Grundlage für das soziale Engagement. Diese Menschen erfassen intuitiv jede Situation. Die Schöpferkraft ist groß, jedoch neigen sie auch zu Tagträumen.

Aszendentenberechnung

Neben Ihrem Geburtsdatum, der Geburtsminute und dem Geburtsort ist es zunächst erforderlich, dass Sie auch die genaue Ortszeit Ihrer Geburt kennen. In Tabelle 1 (Seite 78) finden Sie daher die für Ihren Geburtsort zutreffende Zeitkorrektur. Sollten Sie Ihren Geburtsort nicht unter den angegebenen Städten vorfinden, dann nehmen Sie die Korrektur für die Ihrem Geburtsort am nächsten gelegene Stadt vor. Bei dem Vorzeichen „plus" (+) müssen Sie die Minutenzahl zu Ihrer Geburtszeit hinzuzählen, entsprechend bei dem Vorzeichen „minus" (–) die angegebene Minutenzahl abziehen!

Eine weitere Korrektur Ihrer Geburtszeit müssen Sie vornehmen, wenn Sie an einem Tag geboren wurden, an dem die Sommerzeit galt. In Deutschland vom 30.4. bis 1.10.1916, 16.4. bis 17.9.1917, 15.4. bis 16.9.1918, 1.4.1940 bis 2.11.1942, 29.3. bis 4.10.1943, 3.4. bis 2.10.1944, im Jahre 1945 in dem von den Westmächten besetzten Teil Deutschlands vom 2.4. bis 16.9; im russisch besetzten Teil doppelte Sommerzeit vom 24.5. bis 24.9.1945, dort wieder einfache Sommerzeit vom 24.9. bis 18.11.1945. Im übrigen Deutschland einfache Sommerzeit vom 14.4. bis 7.10.1946, 6.4. bis 11.5.1947, doppelte Sommerzeit vom 11.5. bis 29.6.1947 und wieder einfache Sommerzeit vom 29.6. bis 5.10.1947, 18.4. bis 3.10.1948, 10.4. bis 2.10.1949. In Österreich bis 1918 wie Deutschland, 28.4. bis 29.9.1919, 5.4. bis 13.9.1920, 1.4.1940 bis 2.11.1942, 1.4. bis 4.10.1943, 1.4. bis 2.10.1944, 1.4. bis 18.11.1945, 14.4. bis 7.10.1946, 6.4. bis 5.10.1947, 18.4. bis 3.10.1948. In der Schweiz galt die Sommerzeit vom 5.5. bis 6.10.1941 und vom 4.5. bis 5.10.1942. In beiden Teilen Deutschlands und in Österreich wurde die Sommerzeit erst wieder 1980, in der Schweiz 1981 eingeführt, und zwar
vom 6. April 1980, 2 h, bis 28. September 1980, 3 h
vom 29. März 1981, 2 h, bis 27. September 1981, 3 h
vom 28. März 1982, 2 h, bis 26. September 1982, 3 h
vom 27. März 1983, 2 h, bis 25. September 1983, 3 h
vom 25. März 1984, 2 h, bis 30. September 1984, 3 h
vom 31. März 1985, 2 h, bis 29. September 1985, 3 h
vom 30. März 1986, 2 h, bis 28. September 1986, 3 h
vom 29. März 1987, 2 h, bis 27. September 1987, 3 h
vom 27. März 1988, 2 h, bis 25. September 1988, 3 h
vom 26. März 1989, 2 h, bis 24. September 1989, 3 h

vom 25. März 1990, 2 h, bis 30. September 1990, 3 h
vom 31. März 1991, 2 h, bis 29. September 1991, 3 h
vom 29. März 1992, 2 h, bis 27. September 1992, 3 h
vom 28. März 1993, 2 h, bis 26. September 1993, 3 h
vom 27. März 1994, 2 h, bis 25. September 1994, 3 h
vom 26. März 1995, 2 h, bis 24. September 1995, 3 h
vom 31. März 1996, 2 h, bis 27. Oktober 1996, 3 h
vom 30. März 1997, 2 h, bis 26. Oktober 1997, 3 h
vom 29. März 1998, 2 h, bis 25. Oktober 1998, 3 h

Sollte ein Geburtstag unter eine dieser Zeiten fallen, so müssen Sie eine Stunde von der Geburtszeit abziehen, bei doppelter Sommerzeit zwei Stunden. Nun kennen Sie die Ortszeit Ihrer Geburt. Dann müssen Sie in der Sternzeittabelle die für Ihren Geburtstag angegebene Sternzeit in Tabelle 2 (siehe Seite 79) heraussuchen. Die Sternzeit am 31. Mai beträgt zum Beispiel 16 h 33 min. Jetzt brauchen Sie nur noch die errechnete Ortszeit und die gefundene Sternzeit zu addieren. Das Ergebnis müssen Sie in Tabelle 3 (siehe Seite 80) unter der für Ihren Geburtsort in Tabelle 1 (siehe Seite 78) angegebenen Breitengradzahl nachschauen, und Sie haben Ihr Aszendenten-Zeichen gefunden!

Rechenbeispiel: Geburtszeit 31. Mai 1944 um 12.30 Uhr in Aachen

1. Geburtszeit		12 h 30 min
2. Ortszeit: Korrektur für den	–	36 min
Geburtsort Aachen (Tabelle 1)		11 h 54 min
3. Sternzeit des 31. Mai wird zur	+	16 h 33 min
erhaltenen Ortszeit addiert (Tabelle 2)		28 h 27 min
4. Am 31. Mai 1944 galt die Sommerzeit,	–	1 h 00 min
also ziehen wir eine Stunde ab		27 h 27 min
5. Geht die gefundene Zahl über 24 Uhr	–	24 h 00 min
hinaus, ziehen wir 24 Stunden ab und		3 h 27 min
erhalten die eigentliche Sternzeit		
6. Der Aszendent für 3 h 27 min beim Breitengrad für Aachen (51°) ist nach Tabelle 3 Jungfrau.		

Tabelle 1: Berechnung der Ortszeit

Aachen (51°)	– 36 min	Kiel (54°)	– 20 min
Augsburg (48°)	– 16 min	Klagenfurt (47°)	– 3 min
Bamberg (50°)	– 16 min	Köln (51°)	– 32 min
Basel (48°)	– 30 min	Königsberg (55°)	+ 22 min
Berlin (53°)	– 6 min	Konstanz (48°)	– 23 min
Bern (47°)	– 29 min	Leipzig (51°)	– 10 min
Bonn (51°)	– 31 min	Lienz (47°)	– 9 min
Braunschweig (52°)	– 18 min	Linz/Donau (48°)	– 3 min
Bregenz (47°)	– 21 min	Lübeck (54°)	– 17 min
Bremen (53°)	– 25 min	Luxemburg (50°)	– 35 min
Breslau (51°)	+ 8 min	Luzern (47°)	– 27 min
Chemnitz (51°)	– 8 min	Magdeburg (52°)	– 13 min
Danzig (54°)	+ 15 min	Mainz (50°)	– 27 min
Dresden (51°)	– 5 min	Mannheim (49°)	– 26 min
Dortmund (52°)	– 30 min	München (48°)	– 14 min
Düsseldorf (51°)	– 33 min	Münster (52°)	– 30 min
Duisburg (51°)	– 33 min	Nürnberg (49°)	– 16 min
Flensburg (55°)	– 22 min	Osnabrück (52°)	– 28 min
Frankfurt/Main (50°)	– 25 min	Passau (49°)	– 6 min
Freiburg (48°)	– 29 min	Regensburg (49°)	– 12 min
Genf (46°)	– 35 min	Rostock (54°)	– 12 min
Graz (47°)	– 2 min	Salzburg (48°)	– 8 min
Halle (52°)	– 12 min	St. Gallen (47°)	– 22 min
Hamburg (54°)	– 20 min	Straßburg (49°)	– 29 min
Hannover (52°)	– 21 min	Stuttgart (49°)	– 23 min
Heidelberg (49°)	– 25 min	Trier (50°)	– 33 min
Hof (50°)	– 12 min	Tübingen (49°)	– 24 min
Innsbruck (47°)	– 14 min	Ulm (48°)	– 20 min
Jena (51°)	– 14 min	Weimar (51°)	– 15 min
Kaiserslautern (49°)	– 29 min	Wien (48°)	+ 6 min
Karlsruhe (49°)	– 26 min	Würzburg (50°)	– 20 min
Kassel (51°)	– 22 min	Zürich (47°)	– 26 min

Tabelle 2: Sternzeit

Tag	Jan.	Feb.	März	April	Mai	Juni	Juli	Aug.	Sept.	Okt.	Nov.	Dez.
01	06:37	08:40	10:34	12:36	14:35	16:37	18:35	20:37	22:39	00:38	02:40	04:38
02	06:41	08:44	10:38	12:40	14:38	16:41	18:39	20:41	22:43	00:42	02:44	04:42
03	06:45	08:48	10:42	12:44	14:42	16:45	18:43	20:45	22:47	00:46	02:48	04:46
04	06:49	08:52	10:46	12:46	14:48	16:49	18:47	20:49	22:51	00:50	02:52	04:50
05	06:53	08:55	10:50	12:52	14:50	16:52	18:51	20:53	22:55	00:54	02:56	04:54
06	06:57	08:59	10:54	12:56	14:54	16:56	18:55	20:57	22:59	00:57	03:00	04:58
07	07:01	09:03	10:58	13:00	14:58	17:00	18:59	21:01	23:03	01:01	03:04	05:02
08	07:05	09:07	11:02	13:04	15:02	17:04	19:03	21:05	23:07	01:05	03:08	05:06
09	07:09	09:11	11:06	13:08	15:06	17:08	19:07	21:09	23:11	01:09	03:11	05:10
10	07:13	09:15	11:10	13:12	15:10	17:12	19:10	21:13	23:15	01:13	03:15	05:14
11	07:17	09:19	11:13	13:16	15:14	17:16	19:14	21:17	23:19	01:17	03:19	05:18
12	07:21	09:23	11:17	13:20	15:18	17:20	19:18	21:21	23:23	01:21	03:23	05:22
13	07:25	09:27	11:21	13:24	15:22	17:24	19:22	21:25	23:27	01:25	03:27	05:26
14	07:29	09:31	11:25	13:27	15:26	17:28	19:26	21:29	23:31	01:29	03:31	05:29
15	07:33	09:35	11:29	13:31	15:30	17:32	19:30	21:32	23:35	01:33	03:35	05:33
16	07:37	09:39	11:33	13:35	15:34	17:36	19:34	21:36	23:39	01:37	03:39	05:37
17	07:41	09:43	11:37	13:39	15:38	17:40	19:38	21:40	23:43	01:41	03:43	05:41
18	07:45	09:47	11:41	13:43	15:42	17:44	19:42	21:44	23:46	01:45	03:47	05:45
19	07:48	09:51	11:45	13:47	15:45	17:48	19:46	21:48	23:50	01:49	03:51	05:49
20	07:52	09:55	11:49	13:51	15:49	17:52	19:50	21:52	23:54	01:53	03:55	05:53
21	07:56	09:59	11:53	13:55	15:53	17:56	19:54	21:56	23:58	01:57	03:59	05:57
22	08:00	10:02	11:57	13:59	15:57	18:00	19:58	22:00	00:02	02:01	04:03	06:01
23	08:04	10:06	12:01	14:03	16:01	18:03	20:02	22:04	00:06	02:04	04:07	06:05
24	08:08	10:10	12:05	14:07	16:05	18:07	20:06	22:08	00:10	02:08	04:11	06:09
25	08:12	10:14	12:09	14:11	16:09	18:11	20:10	22:12	00:14	02:12	04:15	06:13
26	08:16	10:18	12:13	14:15	16:13	18:15	20:14	22:16	00:18	02:16	04:19	06:17
27	08:20	10:22	12:17	14:19	16:17	18:19	20:18	22:20	00:22	02:20	04:22	06:21
28	08:24	10:26	12:20	14:23	16:21	18:23	20:21	22:24	00:26	02:24	04:26	06:25
29	08:28	10:30	12:24	14:27	16:25	18:27	20:25	22:28	00:30	02:28	04:30	06:29
30	08:32		12:28	14:31	16:29	18:31	20:29	22:32	00:34	02:32	04:34	06:33
31	08:36		12:32		16:33		20:33	22:36		02:36		06:36

Tabelle 3: Hier finden Sie Ihren Aszendenten

	47°	48°	49°	
Löwe	0h 36 – 3h 18	0h 34 – 3h 16	0h 31 – 3h 14	Löwe
Jungfrau	3h 19 – 6h 00	3h 17 – 6h 00	3h 15 – 6h 00	Jungfrau
Waage	6h 01 – 8h 41	6h 01 – 8h 43	6h 01 – 8h 45	Waage
Skorpion	8h 42 – 11h 23	8h 44 – 11h 27	8h 46 – 11h 31	Skorpion
Schütze	11h 24 – 13h 50	11h 28 – 13h 55	11h 32 – 14h 00	Schütze
Steinbock	13h 51 – 15h 41	13h 56 – 15h 45	14h 01 – 15h 48	Steinbock
Wassermann	15h 42 – 16h 58	15h 46 – 17h 00	15h 49 – 17h 02	Wassermann
Fische	16h 59 – 18h 00	17h 01 – 18h 00	17h 03 – 18h 00	Fische
Widder	18h 01 – 19h 01	18h 01 – 18h 59	18h 01 – 18h 57	Widder
Stier	19h 02 – 20h 19	19h 00 – 20h 15	18h 58 – 20h 11	Stier
Zwillinge	20h 20 – 22h 10	20h 16 – 22h 05	20h 12 – 22h 00	Zwillinge
Krebs	22h 11 – 0h 35	22h 06 – 0h 33	22h 01 – 0h 30	Krebs

	50°	51°	52°	
Löwe	0h 26 – 3h 12	0h 21 – 3h 10	0h 16 – 3h 08	Löwe
Jungfrau	3h 13 – 6h 00	3h 11 – 6h 00	3h 09 – 6h 00	Jungfrau
Waage	6h 01 – 8h 47	6h 01 – 8h 49	6h 01 – 8h 52	Waage
Skorpion	8h 48 – 11h 35	8h 50 – 11h 39	8h 53 – 11h 43	Skorpion
Schütze	11h 36 – 14h 05	11h 40 – 14h 10	11h 44 – 14h 15	Schütze
Steinbock	14h 06 – 15h 52	14h 11 – 15h 56	14h 16 – 16h 01	Steinbock
Wassermann	15h 53 – 17h 04	15h 57 – 17h 06	16h 02 – 17h 09	Wassermann
Fische	17h 05 – 18h 00	17h 07 – 18h 00	17h 10 – 18h 00	Fische
Widder	18h 01 – 18h 55	18h 01 – 18h 53	18h 01 – 18h 51	Widder
Stier	18h 56 – 20h 07	18h 54 – 20h 03	18h 52 – 19h 59	Stier
Zwillinge	20h 08 – 21h 55	20h 04 – 21h 51	20h 00 – 21h 45	Zwillinge
Krebs	21h 56 – 0h 25	21h 52 – 0h 20	21h 46 – 0h 15	Krebs

	53°	54°	55°	
Löwe	0h 13 – 3h 06	0h 08 – 3h 04	0h 05 – 3h 01	Löwe
Jungfrau	3h 07 – 6h 00	3h 05 – 6h 00	3h 02 – 5h 36	Jungfrau
Waage	6h 01 – 8h 54	6h 01 – 8h 56	5h 37 – 8h 54	Waage
Skorpion	8h 55 – 11h 47	8h 57 – 11h 52	8h 55 – 11h 49	Skorpion
Schütze	11h 48 – 14h 20	11h 53 – 14h 26	11h 50 – 14h 22	Schütze
Steinbock	14h 21 – 16h 06	14h 27 – 16h 10	14h 23 – 16h 07	Steinbock
Wassermann	16h 07 – 17h 11	16h 11 – 17h 14	16h 08 – 17h 10	Wassermann
Fische	17h 12 – 18h 00	17h 15 – 18h 00	17h 11 – 18h 00	Fische
Widder	18h 01 – 18h 49	18h 01 – 18h 46	18h 01 – 18h 44	Widder
Stier	18h 50 – 19h 55	18h 47 – 19h 50	18h 45 – 19h 47	Stier
Zwillinge	19h 56 – 21h 39	19h 51 – 21h 33	19h 48 – 21h 30	Zwillinge
Krebs	21h 40 – 0h 12	21h 34 – 0h 07	21h 31 – 0h 04	Krebs